LA THÉÂTRÉIDE,

POÈME ÉPI-COMIQUE.

IMPRIMERIE DE BRASSEUR AINÉ.

LA THÉÂTRÉIDE,

POÈME

Épi - Comique

EN SIX CHANTS,

*Par M. C*** A*** D***.*

.... Ridiculum acri
Fortius et melius plerumque secat res.

HOR.

Un ridicule adroit vaut souvent la raison,
Serait-elle d'un sage ou celle d'un Caton.

A PARIS,

Chez DELAUNAY, Libraire au Palais-Royal;
FAVRE, Libraire au Palais-Royal;
COUSIN, Libraire à l'Odéon.

1812.

PRÉFACE.

Ce poëme fut fait dans le courant de février 1811, après qu'on eut parlé au sieur Saint-Prix de trois tragédies refusées par les comédiens Français, faites et réimprimées depuis plus de trente ans, dont on a en mains les examens de leur part, d'après les manuscrits qui leur furent communiqués, refaits sur les imprimés, qui fourmillent de fautes qu'on avait fait disparaître, occasionnées autant par négligence que par méprise, ce qui donna lieu à l'auteur de chanter ce qui pouvait être arrivé depuis et du temps du théâtre d'Athènes et de Rome. L'auteur a tâché autant qu'il lui a été possible d'éviter les allusions que le lecteur pourrait se permettre dans ce poëme, en n'y mettant point de sarcasmes semblables à celui de Boileau, épître 9, vers 105; il a tâché de n'employer que le sel attique d'Aristophane :

> Ainsi c'est en salade,
> Avec vinaigre et sel,
> Bonne huile et poivre tel,
> Une simple ballade,
> Sans remplir l'estomach
> De fins vers d'almanach.

Ce poëme fut donné à la censure dans le courant d'octobre 1811, où il resta deux mois environ entre les mains du censeur, pendant lequel temps le double fut lu à plusieurs fois chez l'Auteur, et six semaines après il fut livré à l'impression. On a depuis écrit beaucoup sur l'espèce d'astucieuse gestion de certains comédiens envers certains auteurs peu leurs favorisés ; or, s'il y a de la part de ces derniers ou d'autres des rapports de rencontre antérieurs à mon poëme, je ne crois nullement leurs auteurs avoir eu l'intention volontaire de primer sur la nouveauté de mon poëme, et encore moins leurs raisons inférieures à mon ouvrage ; mais je crois devoir faire observer, sans blesser qui que ce soit, que je suis leur antérieur, et que, si je ne puis dire leurs ouvrages, soit en vers, lettres, prose, les postérieurs du mien, ce qui ne serait ni honnête ni français, je puis au moins les déclarer postérieurs aux miens, comme mon poëme est accidentellement postérieur à l'ouvrage sur la Cause de la Décadence du théâtre Français par Cailhava, que je n'ai connu qu'après que mon poëme a été fait.

———

LA THÉÂTRÉIDE,

POÈME ÉPI-COMIQUE.

CHANT PREMIER.

O MORTELS! à mes vers agrandissez vos yeux;
Je vais vous étonner de merveilles des cieux.
Descendez à ma voix, Dieux de la haute sphère:
Toi, ma verve, fais-en un hommage à la terre,
Pour des faits dont l'éclat est aussi glorieux
Que celui du soleil et ses feux radieux.
    Je chante les suppôts d'un célèbre théâtre,
Dont les cœurs sont plus blancs que le plus bel albâtre;
O Muse! inspire-moi; dis-moi les grands combats,
Les périls, les exploits, les guerres, les débats
De ces hommes fameux, à querelles sans nombres,
Injustement voilés des plus épaisses ombres.
La Discorde, ce monstre, au séjour des mortels
S'est toujours fait dresser de terribles autels.
Ces superbes guerriers au fond de leur mémoire
Cachaient depuis longtemps l'éclat de leur histoire;

Se disputaient entre eux, jaloux de leurs talens,
L'argent du genre humain, ainsi que son encens;
Avides de bon or, non de supercheries,
Exaltaient les hauts faits de leurs chevaleries;
Mais toujours attentifs, par de hautes vertus,
A rendre des honneurs au célèbre Plutus,
A ne rien épargner, et d'un malin sourire
A soutenir leur gloire, agrandir leur empire,
Un moyen aussi prompt les intéressait fort;
Non qu'ils pussent penser avoir le moindre tort
Pour leurs grands revenus comme pour leur puissance;
Mais pour l'honneur en eux point de première essence.
Ils avaient à nommer de nouveaux candidats,
Qui devaient être élus dans leurs grands concordats;
Le grand jour était pris : on s'agite; on badine
Pour entendre et choisir ces fils de Mnémosyne.
Pour juger sur le fait il faut aller aux voix;
Chacun sur ce grand point doit prononcer son choix,
Et cependant il faut que ce soit, d'un chaud calme,
Le talent sans faveur qui remporte la palme;
Ils doivent tous avoir, dans leurs transports bouillans,
De ces accords parfaits, de sublimes élans,
Qu'ils doivent prononcer avec un grand mystère,
Et ce n'est ma foi pas une petite affaire.
Quatre ils sont; le premier s'appelle Tripotin,
Les autres Fricoteau, Nicolas, Baptistin.
Voilà donc nos héros qui vont entrer en lutte;
On ne sait qui des deux éprouvera la chute :

Tels à Rome autrefois de forts gladiateurs
Montraient de grands efforts aux Romains spectateurs.
Il est bon à cela sur leur nombre de dire
Que l'on n'en voulait qu'un et qu'on devait l'élire ;
Ainsi tirer au sort était ce qu'il fallait ;
Mais deux, trois noms sortis, un tel fait s'annulait.
A l'assemblée auguste une urne est apportée,
Et chaque signature est dans l'urne jetée ;
Les noms sortent de suite, et le nom Tripotin,
Les autres Nicolas, Fricoteau, Baptistin.
Alors nos grands héros entrent tous quatre en scène,
Et comme des démons disputent dans l'arène :
L'un avait des moyens, l'autre était trop petit ;
L'autre était grand, bien fait, et cela beaucoup dit.
Alors les coups de force avec un grand tapage
Sont par l'art employés, ainsi qu'il est d'usage ;
L'énergique est dit bas, le faible est exprimé ;
L'examen se prolonge et n'est pas confirmé ;
Des mots sont dits très-haut avec grandes enflures,
De grands coups de gosier aussi bien que d'allures,
Laissant là le poëte, écorchant le talent,
Ayant beaucoup d'audace et vaille que valant.
On met aux voix à qui donner la préférence ;
La cabale s'en mêle, y met de l'importance :
Le plus faible l'emporte ; il est ainsi jugé :
Il n'est pas étonnant ; il était protégé.
Ainsi qu'est sur son siége un juge inexorable,
Ce fait est sans appel au conseil redoutable.

Ces pélerins pour vaincre avaient tout amorti ;
Les voûtes du théâtre en avaient retenti.
On fait au sanctuaire entrer le beau novice ;
On applaudit au sort de lui rendre justice :
Les rejetés, chagrins d'avoir crié si fort,
S'en prenant au malheur qui leur donne le tort,
S'en vont dans le foyer témoin de leur mémoire
Rafraîchir leurs poumons privés de la victoire.
A l'illustre vainqueur les honneurs sont rendus,
Et les autres vus tous ainsi que des perdus ;
Protégés cependant par la belle Minerve,
Ils restent conservés comme un camp de réserve ;
On les nomme pour être, au milieu des foyers,
Des neuf Muses au moins les nobles écuyers :
De louanges alors le nombre les accable ;
Baptistin est jugé comme un homme admirable :
Avalant le chicot, les autres, trois ou deux,
Dînent au sanctuaire ou bien s'en vont chez eux.
Mais à si grande affaire aussi bien terminée,
Une autre alors survient pour être examinée :
Le fait, ici plus grave, en devient éclatant ;
Il brille de lui-même, étant plus important.
On accusait de l'art ces vaillans prosélytes
D'être de leurs talens d'arrogans acolytes,
S'efforçant d'accabler d'un insolent accueil
Des êtres qu'ils voulaient soumettre à leur orgueil,
Et comme des hautains, dans leurs fureurs altières,
De trop faire valoir leurs fermetés guerrières,

D'aimer trop fort l'argent, d'être des cabaleurs,
D'être pleins de mépris, d'exciter des rumeurs;
Comme des Phaétons à de doubles couronnes,
D'être trop amoureux de leurs belles personnes;
Même après que Tesphis eut le premier chanté (1
Tout exploit de héros jusques aux cieux montés,
D'avoir dégradé ceux qui, de première essence,
Avaient d'abord vanté leur gloire et leur puissance.
L'assemblée à cela, sous ses lambris pompeux,
Rappelle les hauts faits de ses exploits fameux :
D'entre eux le plus vaillant prend soudain la parole :
— Amis, dit-il, que rien ne chagrine, désole;
Quelque soin que l'on prenne à nous insolenter, (2
Nous n'avons rien à craindre et rien à redouter;
Ayant à tous les dieux rendu de grands hommages,
Nous avons jusque là porté nos forts courages;
Nos glorieux plaisirs, et nos tons et nos airs,
Ainsi que nos travaux, sont trop hauts dans les airs, (3
Et tels dans nos boudoirs, jusqu'où renaît l'aurore,
Se montrent plus fameux et plus brillans encore.
Si nous avons de l'aigle, étant fort agissans,
La serre, et du lion les ongles agriffans,
Faut-il donc pour cela que sur notre courage
Soudain s'apprête à fondre un redoutable orage?
Eh! devons-nous avoir de cruels différens
Pour des faits qui pour nous seront peu déchirans!
Plutôt que de céder, que notre mort s'en suive;
Qu'aux siècles à venir notre mémoire vive;

Loin de nous amuser à vouloir disputer
Avec des êtres faits pour tous nous respecter,
Avec ces raisonneurs, avec ces pauvres hères,
Qui tous, d'esprits cornus, à visions peu claires,
Pour des bibus, des riens, ont des yeux de lions,
Qui ne jugent pas mieux que nous nous ne voyons.
S'il en est que parmi, selon nos us, coutumes,
Notre faveur protége avec moins d'amertumes,
L'égard considéré, quelquefois par devoir,
Nous force à prendre l'or du moyen, du pouvoir...
Mais de l'humble, du faible, à nos décrets fidèles,
Nous prenons à bas prix le travail de son zèle ;
Il faut donc que ceux-ci, par nos rites, nos lois,
En esclaves soumis reconnaissent nos droits ;
S'ils osent nous prêter une âme un peu caustique
Et de la dureté comme de la critique,
D'être fiers, arrogans, impudens, dédaigneux,
Que leur importe-t-il, si nous sommes hargneux ?
En montant notre gloire aussi haut que la nue,
Avec la fausseté n'ayons que l'or en vue ;
Voilà les vrais moyens qu'il faut pour s'enrichir :
Ces pauvres travailleurs n'auront plus qu'à blanchir.
Il ne faut pour créer qu'une faible poitrine : (4
Nous ce sont des moyens dont l'esprit les chagrine ;
Nous mangeons la dragée ; ils sucent le noyau :
La poussière est pour eux ; pour nous est le joyau.
Au reste en parlant d'eux, sans que peu je les loue,
Il peut très-bien se faire (et tout bas je l'avoue)

Que j'entende une voix qui dise tout de bon :
Ne montrons pas pour l'or un esprit trop fripon ;
Mais laissons tels propos, puisque souvent l'audace
Gagne sur le savoir sans craindre la menace.
Apprenez donc de moi le plus malin secret ;
Il faut vous défiler ici le chapelet.
Sur le haut de l'Ida le maître du tonnerre
Nous permet à l'instant de régenter la terre :
Je ne suis qu'un égal et non pas votre chef ;
Laissons là tous les si, les oui, les mais, et bref,
Si Jupiter ce jour, pour qu'on puisse nous croire,
Nous accorde son nom aussi bien que sa gloire,
Ainsi donc, secondés de tous grands protecteurs,
Devons-nous refuser d'être leurs conducteurs ?
Au livre des destins ces lois, bien stipulées,
Sont écrites pour nous en lettres d'or moulées ;
Qu'elles y brillent donc comme un brillant volcan,
Et qu'y soit de nos fous le génie à l'encan ;
Qu'ainsi donc, animé de fureur plus qu'humaine,
Le sang de Jupiter soit en nos dignes veines.
Amis, nous voilà donc autant de Jupiter !
Toi, mon frère Pluton, sois maître de l'enfer :
Sur l'empire des flots toi, mon frère Neptune,
Avec ton Amphitrite augmente ta fortune ;
Où le destin toujours est le maître du Temps,
Commande au dieu Prothée, au régisseur des vents :
Approche-toi, Bacchus, et toi, mon cher Mercure,
Prenez chacun le rang que le sort vous assure :

Toi, grand Baptistin, sois le brillant Apollon
Auprès des verts ruisseaux qui bordent l'Hélicon :
Toi, sois Mars : toi, Vulcain : toi, maraud, un Hercule ;
En courage un lion, qui jamais ne recule.
Vous-mêmes paraissez, charmant aussi les yeux,
Tous nos diminutifs, vous autres demi-dieux,
Des tiers de dieux, des quarts, sans mensonge, sans fourbe ;
Le reste, le plus gros, doit être de la tourbe.
Chaque roule-théâtre avec les allumeurs
Sera dans la coulisse avec les émoucheurs, (5
Pour du chaud et du froid préserver nos Altesses :
Ainsi qu'un serviteur, avec bien des souplesses,
Chasse d'un maître ailleurs, un goupillon en main,
L'insecte ailé qui vient lui caresser le sein.
Je ne vous parle point comme un orgueilleux maître ;
Maître de moi, je veux être digne de l'être ;
Songez que vous voilà les dieux de l'univers,
De fameux régisseurs et des donneurs de fers :
Dans le cours régulier d'une gloire propice,
Il faut avoir de l'ordre avec de la justice.
Les deux genres avant seront donc séparés,
A de rudes exploits fortement préparés ;
Le désir de l'argent est comme en moi le vôtre ;
Les mâles d'une part, et leurs belles de l'autre.
Les noms sont tous donnés au genre masculin ;
Il en faut donner un au genre féminin :
Toi, sois un Ganimède ; et toi, fière Diane,
Un cœur sans passion où jamais on ne glane ;

Et vous, belle Vénus, soyez pour nous toujours,
Avec votre ceinture idole des amours;
Vous, innocentes Fleurs, de charmantes bergères,
Qu'au besoin nous saurons trouver dans les fougères;
Jeunes, fraîches, ma foi, toutes chaque matin
Que nous aimerions voir sans robe et sans satin.
Notre gloire est partout sur la terre assurée;
Il suffit, nous voilà maître de l'Empirée :
Mais nous avons avant à vaincre des rivaux,
Même à faire la guerre à certains creux cerveaux;
Ce sont ces radoteurs qui viennent à nos portes
Toujours nous assaillir en piteuses cohortes;
Il nous faudra des bras, des efforts et du sang.
Si nous en venons là, que tout soit à son rang :
Sur une mer terrible et fertile en naufrages,
C'est là que nous devons déployer nos courages,
Montrer ce que des dieux nous éprouvons en nous.
O combien nous allons frapper de rudes coups!
Raffermissons-en donc les plus glorieux gages,
Nos rites et nos droits et nos coutumes sages,
Dont nul de nous ne doit s'éloigner, s'écarter,
Sans transgresser des lois qu'il a droit d'écouter.
A ces bienfaits des cieux, pour toute obéissance,
Nous devons en Tesphis pleine reconnaissance,
Aux sous-dieux de l'Ida considération,
Mais aux inférieurs légère attention,
Pour une gloire en vain qu'on nous dit usurpée,
Par une insouciance en nous mal détrompée.

Point pour de l'or ravi de restitution,
Et peu pour l'art surtout de rétribution ;
A des autres donnons du refus pacifique,
Du rebut à la tourbe avec du léthargique,
De fins, d'adroits moyens, sans nul grand coup d'éclat
Pour l'agrandissement de notre fort état ;
Ensuite audace altière avec pleine duplique
A tous ces malheureux dépourvus de réplique,
Qui viennent nous prôner et nous chanter leurs maux.—
Sa harangue achevée, il finit. A ces mots
La Discorde, cachée, en tressaille de joie,
Et, de brillans débuts aplanissant la voie,
Vole sans différer, de son antre infernal,
Annoncer les décrets du séjour théâtral ;
Elle passe partout, et dans chaque demeure
Dit à tous ses suppôts qu'on les attend sur l'heure ;
Elle trouve les uns fortement à ronfler,
Les autres dans les jeux, les autres à beugler ;
Ceux-ci bien à manger et fortement à boire,
D'autres sur des sophas à parler de leur gloire ;
Le divin Baptistin, sorti de ses beaux draps,
A sa belle maîtresse offrant ses deux beaux bras,
Adapte à son beau teint son fard et sa farine,
Et fait ainsi l'aimable auprès de sa lutine ;
Ouvrant un gros pâté, d'autres dans un festin,
Assis sur un tonneau, chantent le Dieu du vin,
Savourant à longs traits le fumet des viandes, (6
Où les massepains sont pour les bouches friandes,

Aloyaux et rôtis de toutes les façons,

Dans des appartemens à de larges balcons.

En trépignant des pieds, la terrible Discorde

Frissonne de courroux, est sans miséricorde

De voir de tels guerriers être aussi peu décens;

Gonfle tous leurs esprits, fait leurs cœurs des volcans;

Sans s'offrir à leurs yeux, frappe leur léthargie;

Donne à chacun à part sa sanglante énergie;

Leur souffle la liqueur de ses flancs recordés,

Et les rend tous pareils à de vrais possédés.

Comme une fièvre chaude alors leur sang bouillonne;

Leur cœur tout animé ne connaît plus personne,

Et d'une ardeur brûlante échauffe leur cerveau;

Les uns sautent du lit, les autres du tonneau;

Les autres d'un boudoir s'arrachent en furie,

Et paraissent atteints tous d'un grain de folie;

Les autres d'une table où chacun d'eux buvait,

Et d'autres de l'ouate et du plus fin duvet;

Sur des parquets frottés les uns vont, courent, viennent;

D'un tel événement les autres s'entretiennent;

De travers en travers d'autres portent leurs pas,

A l'aide d'un flambeau vont par haut, vont par bas; (7

Sans pouvoir s'arrêter les uns montent, descendent;

D'autres sur des palliers où d'autres les attendent :

Une rumeur partout règne en l'heureux séjour;

On croirait un tel fait l'ouvrage de l'Amour.

Des dieux, des demi-dieux est un autre consente; (8

Mais la Discorde est là, qui rit de l'épouvante;

Quoiqu'il semble à ses yeux consistoire de rois,
Elle n'en a pas moins à brouillonner leurs droits.
Une voix tout à coup du centre de la terre
Eclate sur leurs pas comme un coup de tonnerre;
A l'instant le dieu Mars fait entendre ces mots :
— Enfans de Mnémosyne, avec tous vos propos
Ne méritez-vous pas que fort on vous étrille?
Vous, célèbres guerriers d'une antique famille,
Vous êtes bien punis du trouble où je vous vois.
Compagnons d'Apollon, quel est donc votre choix?
Dit-il; je ne vois point avec vous les neuf Muses;
Beaux dieux, y pensez-vous? êtes-vous donc des buses,
Les oubliant ainsi, de vous montrer hurlans?
Moi je veux du réel et des effets parlans.
Disciples de Tesphis, où donc est Melpomène?
Où mon regard s'élance et partout se promène
Dans votre règlement, inconnu même aux cieux,
Qui fait frémir le sens, blesse partout les yeux,
Avec votre discours et votre grand génie,
Je n'aperçois pas plus Euterpe qu'Uranie;
Par ineptie absurde et digne d'errata,
Vous, des dieux, agissez comme des peccata. (9
Les neuf Muses de moins, les plus belles déesses,
Et les Grâces aussi, voilà de vos prouesses!
Mars n'eut jamais en lui de traits récalcitrans.
Vous êtes des sots dieux, et des dieux ignorans.
Mars aussi bien qu'un autre aime les fleurs, les roses:
Qui donc commettez-vous pour de si belles choses?

Tous vos maigres récits, débités au hasard,
De Melpomène en vain excitent le regard.
Moi tout comme mon fer je veux de l'énergique,
Non de fades discours faits en un plat tragique.
Rarement le triomphe accompagne vos pas,
Et Mars dit fortement que vous ne l'aurez pas.
Tout aussi bien que vous s'y connaît mon courage :
Vous êtes des Tesphis à bredouilleur langage.
Sans juger de travers, ouvrez donc mieux les yeux,
Et l'on pourra vous croire au plus des quarts de dieux.
Je me trouve offensé d'être de votre nombre ;
J'aime mieux mille fois être tout seul à l'ombre,
Que de vous voir parler ainsi que des pourceaux,
Voulant manger, mâchant de travers leurs morceaux.
La Malice, l'Envie ainsi que l'Ignorance
Paraissent au dieu Mars de votre dépendance,
Et l'Avidité, jointe à votre résultat,
Ne sait point distinguer le noir de l'incarnat.
Tout sol peut bien avoir plus d'une faible gerbe ;
Mais vous êtes tous faits pour aller brouter l'herbe. —
  A ce discours de Mars, dit avec fermeté,
Qui partait d'un cœur franc marqué d'intégrité,
Dit en dieu de la guerre, et cependant caustique,
Le consente, interdit, ne fit nulle réplique.
Les immenses lambris du séjour théâtral
En avait retenti jusqu'à l'antre infernal.
Soudain la Renommée à la voix formidable
Y répète de Mars l'arrêt irrévocable ;

Il ne reste nuls lieux qui n'en soient pénétrés,
Les vents, les élémens à sa voix consacrés ;
Des antres des rochers, sous le bruit du tonnerre,
Sont du jour des échos renvoyés à la terre,
Et de plus la Discorde, en repassant les airs,
En va partout remplir l'immensité des mers.

FIN DU CHANT PREMIER.

NOTES

DU CHANT PREMIER.

——

1) Tout le monde sait que Tesphis fut le premier qui, comme dit Boileau, monté sur des tréteaux, inventa et joua la comédie.

2) *Insolenter* est un mot populaire, employé par l'auteur pour rendre mieux le chagrin de ces anciens acteurs, si fameux dans leur goût.

3) Le mot *air* n'est point employé ici comme calembour, mais comme l'air qu'on respire, où sont ces anciens acteurs comme des astres.

4) Des acteurs grecs ou romains ont-ils dit comme mademoiselle Clairon un jour, que quand une pièce était faite ce n'était pas le plus difficile? Ce qu'on a lu après ce poëme fait, page 17, ligne 19, dans la Décadence du Théâtre-Français, par Cailhava.

5) *Emoucheurs* veut dire des esclaves chargés aux Indes de chasser avec un plumeau les mouches du visage de leur maitre, et non des moucheurs de lumières.

6) Boileau fait *viande* de deux syllabes; l'auteur le fait de

trois. Il y a des mots douteux dans certain cas, et qu'on peut faire, je crois, plus courts ou plus longs à volonté, selon la nécessité.

7) On ne compare point ici leur mal à celui d'un malade qu'un médecin fait évacuer pour plus de soulagement.

8) Le mot *consente*, dont on supprime l'*s* par licence poétique, dit assemblée des dieux.

9) Le mot *peccata* signifie un âne; mais on ne l'a pas dit par bienséance.

LA THÉÂTRÉIDE,

POÈME ÉPI-COMIQUE.

CHANT SECOND.

APRÈS avoir plongé dans la fraîcheur des ondes
De ses brillans cheveux les tresses demi-blondes,
L'Aurore paraissait, sur un trône vermeil,
Annoncer aux mortels le retour du soleil.
Nos héros ce jour-là, contre leurs habitudes,
Avaient abandonné leurs belles solitudes,
Leurs élégans parquets, ainsi que leurs boudoirs,
Et leurs fauteuils, laissés au sein de leurs dortoirs;
De leurs brillans réduits l'éclatante richesse
Avoisinait les fleurs des rives du Permesse;
D'un chagrin accablant ils étaient déchirés,
Et le discours de Mars les avait pénétrés;
Ils roulaient dans leur tête une forte vengeance,
Jurant d'exterminer une maudite engeance,
Des êtres, des sujets, leurs mérités vassaux,
En esclaves soumis à leurs nobles travaux,

Qu'ils appelaient toujours de pauvres misérables,
Au sang des dieux, en eux, sans cesse dissemblables.
Cette affaire d'état, par un acte central,
Les avait rassemblés au palais théâtral.
La Discorde, voyant leurs troupes peu timides
Lancer dans leurs recoins des regards intrépides,
En des détours obscurs, ignorés des mortels,
Où sont de ces héros les superbes autels,
Va trouver la Bêtise ainsi que l'Ignorance,
Et la Méchanceté, l'Envie et l'Arrogance,
La Malice, leur sœur, sans bontés, sans vertus,
Et le maître de l'or, le célèbre Plutus ;
Elles sont toutes sœurs, et ce dieu, leur beau-père,
Quelquefois par pitié tâche de leur complaire :
— O mes sœurs, leur dit-elle, aimables à mes yeux,
Que tous vos droits sont grands au consente des dieux !
Toutes quatre au conseil pour faire des miracles,
On vous entend toujours rendre de grands oracles.
O ma sœur la Bêtise ! avec toute douceur,
Vous ouvrez bonnement le fond de votre cœur ;
Vous, la Méchanceté, vous êtes bien mordante,
Et la Malice, vous, adroitement piquante ;
Et vous, belle Ignorance, ingénue à tout voir ;
Et toi, célèbre Envie, à ton œil sec et noir,
Tu ronges, gruges tout, tu dévores, déchires,
Et toi seule pourrais abattre des empires,
Brouiller, infecter tout de ta lividité,
Même jusqu'à l'éclat de la divinité,

Et ton front pointillant partout le mal à faire,
D'une infecte liqueur empoisonner la terre ;
Pour ta gloire au consente avec succès certain,
Règne comme tes sœurs dans ce temple d'airain,
Sur ces fameux héros qui gouvernent le monde,
Que Jupiter honore et joint au bien qu'il fonde.
Oui, mes sœurs, quel triomphe, et pour vous quel bonheur !
Soyez plus que jamais dans le champ de l'honneur;
Ce grand jour qui s'apprête est un jour de victoire;
Non, n'aura jamais eu Vénus autant de gloire.
Volez, mes chères sœurs, au théâtral séjour;
Vous y rencontrerez peut-être aussi l'Amour,
Et sans doute avec lui ses divines prêtresses,
Comme les demi-dieux et toutes les déesses,
La sévère Minerve et le dieu Mars aussi;
Mais ce n'est pas pour vous un pénible souci.
La Discorde est souvent avec la Renommée,
Chère aux faibles humains; je suis sa sœur puînée ;
Je marche devant elle et ne la trompe pas;
Ma présence avec vous accompagne ses pas:
Or, puisque je vous suis aussi bien qu'elle chère,
Je vais vous annoncer au reste de la terre. —
Elle dit; aussitôt disparaît à leurs yeux.
Au consente soudain volent les demi-dieux :
Le malin dieu Momus et les demi-déesses,
Tous leurs dignes suivans, grands faiseurs de prouesses,
Promptement accourus; ils sont tous assemblés.
Les motifs leur en sont faiblement dévoilés;

On raisonne sur tout sans nulle marche sûre;
On s'anime, on s'échauffe, on crie, on peste, on jure;
Chacun à sa manière en orne ses propos.
Baptistin toujours s'offre et vaillant et dispos,
Aussi content de lui que du bon vin à boire,
Ce qui n'est pas, ma foi, bien difficile à croire :
Mais Momus, tout joyeux, dans l'auguste séjour
Soudain à ses amis présente le bonjour;
Il leur voit pour la gloire une rage de diable :
La Bêtise dit : — Moi j'en suis insatiable : —
La Malice l'arrête et parle aux autres dieux :
— Quoi! je vois sous vos fronts, dit-elle, aller vos yeux
Comme un garant certain du plus sanglant outrage!
Le fait n'est que trop sûr, et, glaçant le courage,
Momus est avec vous sans s'armer de l'éclair :
C'est un écrit sorti du gouffre de l'enfer;
Il mérite le feu, la mort la plus sanglante.
L'assemblée, indignée, en est toute tremblante;
Et nous, dieux de la terre, en pauvres iroquois
Nous demeurons tous sots, sans armes, sans carquois,
Ou bien plutôt sans foudre et le feu du tonnerre,
Bouillonnant, frémissant, frissonnant de colère!
Pouvez-vous bien souffrir qu'un être mécréant,
Avec un trait pour nous aussi fort méséant,
Nous ait frappé ce coup d'un œil et sec et terne!
Ce détestable écrit est de l'hydre de Lerne.
C'est dans le sang qu'il faut laver un tel affront;
La gloire le commande à l'outrage de front.

Quoi! nous pourrions souffrir une audace à peu croire,
Et du maître du Temps, en nous toute la gloire,
Laisserait un moment vivre au séjour humain
Un être qu'un serpent enfanta dans son sein,
Et n'engloutirait pas par un seul coup de foudre
Celui que d'un coup d'œil on peut réduire en poudre!
Avez-vous oublié quels sont vos matadors,
Vos vaillans défenseurs, vos parleurs à trésors,
Vos chefs d'inférieurs, qui sont nos subalternes,
Nés d'un autre troupeau, diseurs de balivernes,
Dont les écrits souvent, que font leurs travailleurs,
Sont bâtonnés s'ils ont de trop vives couleurs,
Tous vos porte-manteaux et tous vos tournemines,
De nos fameux remparts faisant jouer les mines?
Si plus d'un d'entre nous, par plate aménité,
Avait pour ce pervers de l'affabilité,
Qu'il soit tout aussitôt jugé comme il doit l'être,
Et regardé, chassé de nous tout comme un traître!
Ainsi rassemblons donc, sans de moindres retards,
Nos fameux bataillons, nos brillans étendards,
Nos célèbres savans, nos fureteurs d'histoires,
Tous nos yeux à tonnerre et nos chante-victoires!
Mon esprit, qui s'accable où j'ai peu triomphé,
N'ayant plus rien à dire, en demeure étouffé. —
A ces mots, prononcés d'un cœur qui se déchire,
Pallas dit à l'instant ce que l'honneur inspire:
—Tu parles de vengeance au moment qu'on ne sait
Où règne tout le tort et celui qui l'a fait!

Avant de se venger il faut que la justice
Sache d'où part la fraude ainsi que l'artifice.
Quoi! tu prétends donner un exemple aux mortels!
Ils nous portent tout l'or qu'ils ont de leurs autels;
Et nous, avec les traits de la trigauderie,
Nous aiderions la fraude et la filouterie!
Tout offensé se venge, et le cœur le plus pur
Riposte, dût le coup pour lui n'être pas sûr.
Si pour agir ainsi le fourbe a sa malice,
Mercure moins que lui l'est donc avec justice?
Moi qui connais tous ceux qui sont sur l'Hélicon,
Je sais tous les produits des enfans d'Apollon.
Pour un écrit sorti d'une tête sévère
Tu prétends des cieux même exciter la colère!
Il faut savoir avant qui fut bien l'agresseur;
L'attaque vient souvent d'un malin oppresseur.
Et vous, Dieux, vous pourriez pour querelles frivoles
Employer quelques faits plutôt que des paroles!
Ce trait assurément n'est pas digne des dieux;
Il n'est dans les enfers pas plus qu'il n'est aux cieux.
Si vous l'avez contraint à parler sans réserve,
La célèbre Diane, Apollon et Minerve,
Peut-être Jupiter, et plus d'un autre encor,
Et peut-être Plutus, le puissant dieu de l'or,
Et Vénus et Junon, parentes de la Gloire,
Et la Sagesse en moi, reine de la Victoire,
Et le vaillant Hercule et le dieu des combats,
Aurons-nous pour cela de furieux débats?

Fille de Jupiter et de son sang issue,
Pensez-vous que ma gloire en restera déçue?
Mars dans les combats règne, et moi c'est sur son cœur;
Il n'oubliera jamais sa valeureuse sœur.
Je ne crois pas qu'à vous aille se joindre Hercule:
Vous avez fait le mal; avalez la pilule. —
Une seconde fois, à ce discours en but,
Ainsi que le conseil, la Malice se tut;
Mais la Méchanceté, frémissante de rage,
Ce monstre qui fulmine en feignant d'être sage,
A vue ardue, aigue, à cœur aiguillonné,
De serpent ayant queue avec front bistourné;
Cette bête, à l'œil fin comme à langue piquante,
Qui n'aime qu'elle seule et sa rage mordante,
Annonça que le Schisme allait en son horreur
Montrer parmi les dieux sa sanglante fureur.
Le consente à l'instant en deux parts se divise;
Crainte de se tromper, redoute la méprise.
Des dieux sont irrités du trait injurieux;
Ils disent que les faits en sont tous odieux;
D'autres dieux au contraire à ces traits applaudissent;
Pour Momus et les siens, riant, s'en divertissent:
Ainsi donc, partagés en deux façons de voir,
Les uns jugent tout blanc, et les autres tout noir.
Mais le Schisme poursuit, frère de la Discorde,
Qui voudrait pourtant être époux de la Concorde,
Qui souvent a raison et qui souvent a tort,
Souvent hermaphrodite, est souvent fils du sort,

Redouble ses raisons, les chauffe de ses flammes,
Met la combustion dans les plus fortes âmes :
La Discorde s'y joint, en fait des monts d'horreurs,
En montre les excès dans toutes leurs fureurs,
Et la Confusion, le Trouble, le Ravage
Dans les plus sombres lieux annoncent leur ouvrage.
Les bois, les soliveaux, tout est en désaroi ;
Les antres théâtrals en frémissent d'effroi.
Pour un si grand forfait, une si grande affaire,
Soit de plume ou d'épée, on propose la guerre ;
Mais, sans oser risquer de trop grands intérêts,
On confère au moyen à beaucoup moins de frais.
Comme on dit qu'autrefois combattirent pour Rome
Un homme contre trois, et trois contre un autre homme,
On appelle au consente, et pour venger l'honneur
On demande qui peut accepter ce bonheur,
Et quatre champions à l'instant se présentent :
Des dieux, des demi-dieux les fronts s'en épouvantent.
O ciel ! qui le dirait ? C'est d'abord Tripotin,
Fricoteau, Nicolas et le fier Baptistin !
Ils jurent aussitôt de se couvrir de gloire ;
Ils s'animent sans doute autant qu'on peut le croire ;
Mais il faut toutefois qu'un seul combatte avant,
Et comme grand, dispos, alerte, bon vivant,
Baptistin doit seul vaincre un terrible adversaire ;
Les autres n'ont qu'un cœur faiblement téméraire.
Se roulant aussitôt en tigre ravissant,
Il devient furieux et lion rugissant ;

Dans l'accès convulsif d'un état si terrible,
On dirait une hyène à l'oreille irascible. (1
Qui pourra repousser ses terribles efforts,
Lui si bien animé de semblables transports?
On lui fait un discours digne de l'assemblée;
Il s'assied, fatigué, pour vaincre plus d'emblée;
Plus tranquille, il écoute un célèbre orateur,
Qui, pour lui commencer un discours sur l'honneur,
Dans son vaste cerveau vient d'un goût érotique
Lui faire sur l'honneur des fleurs de rhétorique;
Il lui peint les héros qui glorieusement
Pour leur pays sont morts combattant vaillamment:
Il ne goûte pas trop ce penser, qui l'offense,
Se fiant à son cœur ainsi qu'à sa défense.
L'honneur est à ses yeux de même présenté:
Il n'en a pas besoin; il est trop haut monté. (2
Enfin notre héros à ce discours se lève:
—Je veux, dit-il, plutôt que mon ventre se crève,
Que de ne pas venger l'offense qu'on nous fait;
A moi tout comme à vous en est lancé le trait.
Encor si dans la nuit on eût risqué l'affaire,
Ou bien que ce fût Mars, Mars est un peu colère;
Certes on ferait bien de garder le secret
Contre un dieu tel que Mars, qui bien se défendrait;
Mais pour un pauvre hère, un bras de femmelette,
Qu'on peut vaincre sans peine et sans nulle défaite,
Il faut montrer ici du courage et du cœur:
Agir ainsi n'est pas avoir si grande peur.

Pour approcher de nous une gloire aussi haute,
Un vassal ne doit pas faire la moindre faute,
Ou bien en Apollon, vainqueur de Niobé,
Je l'assomme et le tiens dans la vase embourbé.
Mon corps est aussi grand qu'un corps d'une giraffe;
J'atteindrai de plus loin en jouant de l'escaffe. (5
Par un malin jadis je fus télégraphé :
Dans l'histoire mon nom sera paragraphé;
Si ce n'est pas je veux plutôt devenir oie. —
Tous les dieux à cela, par de grands cris de joie,
Des bravo répétés, des claquemens de mains,
A sa noble vaillance applaudissent sans fins;
On monte jusqu'aux cieux un si grand personnage,
Qui veut si bravement essayer son courage.
Qu'heureux est votre cœur, Baptistin radieux,
A tous les yeux d'offrir un front si glorieux!
Vous êtes le héros et le bras redoutable
Qui de cette assemblée est l'appui formidable.
Sa charmante maîtresse arrive sur ses pas,
L'accable de baisers qui ne finissent pas,
Et ces deux chers amans si tendrement se serrent,
Que du fier Baptistin les flancs presque s'altèrent;
Mais sans perdre en entier l'usage de ses sens,
Les baumes, les parfums alors portés à temps,
Sont présentés soudain à ses lèvres divines.
Amour, charmant Amour! tout ce que tu devines
On l'emploie à l'instant, et rien n'est négligé
Pour son cœur à l'honneur aussitôt engagé.

—Mon adorable, alors lui dit sa tendre belle,
Quelle douleur a pu tant troubler ta cervelle?
Reviens à toi, mon ange, ô moitié de mon cœur!
Montre moins de courage; on ne meurt pas de peur;
Vis pour moi, cher amour, et si je te suis chère,
Vois, regarde-moi bien d'une prunelle claire.
Que de charmes toujours me découvrent tes yeux,
Ces yeux demi-mourans, ce langage des dieux!
—Et toi, lui répond-il, toi-même, ma belle âme,
Toi qui causas dans moi la plus dardante flamme!
Toi, les trois quarts de moi, la moitié de mes jours,
C'est pour toi désormais qu'en finira le cours!
Je ne veux plus me battre; au diable les disputes,
Les tourmens, les propos, les chutes, les rechutes!
Je vivrai pour toi-même, encore plus pour moi;
J'en jure mon amour, et toi-même et ma foi.
Ainsi puisque ton cœur est si fort mon partage,
Mets-le plus près du mien pour que je m'en soulage.
Quoiqu'on dise de toi que l'on peut être mieux,
Je n'ai jamais rien vu de plus beau sous les cieux:
Je suis plus glorieux que Jupiter lui-même
D'être si bien aimé du seul objet que j'aime.—
A ces élans du cœur, ces transports amoureux,
Tous les grands dieux en pleurs, en soupirs douloureux,
Soupiraient comme lui, ne sachant plus que dire;
Les uns pour l'appaiser cherchaient à lui sourire;
On n'osait point parler, ou bien c'était tout bas,
Pour un aussi grand dieu tant grave était le cas.

Cela dit, reprenons le fil de notre histoire,
De crainte de le perdre ainsi que la mémoire.
Le consente voyant ces deux tendres époux,
De le venger autant chagrinés que jaloux,
A quelque autre moment pensa que par prudence
Devait être remis le soin de sa vengeance,
Et pour en prévenir quelque nouveau dessein,
Etait près d'envoyer consulter le Destin;
Mais ce faible recours n'était pas nécessaire,
Voulant toujours agir comme à leur ordinaire;
Même il ne pensait pas qu'ainsi que les mortels,
Les dieux, comme les rois, auprès de leurs autels
Ont aussi le pouvoir, par essence première,
De lire dans les temps ce qu'offre la lumière:
Ces dieux incessamment allaient être en ce cas,
Et vers les temps futurs allaient faire un grand pas,
Voir ce qui s'est passé, se passera peut-être,
Ce qui se voit de même et qui peut reparaître.
Après tant de débats, bien d'autres de nouveau
De l'assemblée encore échauffant le cerveau,
Quoiqu'il n'y régnât plus qu'une antique allégresse,
Sa gloire encor la touche et toujours l'intéresse:
Ainsi telle qu'on voit une mer dans ses flots
Montrer Neptune armé sur l'empire des eaux,
Et Borée, y poussant les vents sur les abîmes,
Soulever en fureur leurs bouillonnantes cimes;
Tel le consente encor, furieux, transporté,
Mais feignant d'être calme encor quoique agité,

Inquiet, soupçonneux, en proie à la tourmente,
Ne sachant que penser de sa terrible attente,
Se divise; et ces dieux, rarement indiscrets,
Pour réfléchir bien plus à leurs grands intérêts,
Et bannir de leur cœur la sombre frénésie,
Vont boire le nectar et manger l'ambroisie.

FIN DU CHANT SECOND.

NOTES

DU CHANT SECOND.

---

1) Nous avons d'un côté dans notre langue autant de mots variables pour la prononciation que pour l'orthographe; de l'autre des douteux dans leurs brèves et leurs longues, comme *hyène*, *piège*, et autres, qu'on peut faire, je crois, d'une, de deux ou trois syllabes, selon le besoin et la douceur. De même en avons-nous aussi qui ont l'*h* aspirée ou non dans le même mot, qu'on peut prononcer selon l'occasion d'une manière ou de l'autre; cela est si vrai qu'on dit la *Hollande* et aussi toile d'*Hollande*, le *hasard* et habit d'*hasard*. Cela suffit pour donner l'acception la plus propre à l'oreille.

2) On ne sait point si l'on ne blâmera pas l'auteur de s'être servi de cette expression; mais on n'en a pu trouver une plus analogue. On dit, parlant d'un mulet, d'un cheval, d'un âne, *haut de garrot;* d'un coq, d'un dindon, d'une autruche, d'une cavale, *haut sur pied*, *haut sur patte :* ici cela ne veut dire que trop grand, *trop fier.*

3) *Escaffe*, vieux mot qui veut dire *frapper du pied.*

LA THÉÂTRÉIDE,

POÈME ÉPI-COMIQUE.

CHANT TROISIÈME.

LE règne de la nuit dans un obscur lointain
Près d'elle encor montrait les ombres du matin,
Et le jour, en montant vers sa brillante sphère,
Allait donner son front à revoir à la terre.
Oh! qu'était grand le but de ces dieux suzerains
En sortant du consente en si fiers pélerins!
Tous le cœur turbulent à cette fois encore,
Moins échauffés des traits de la naissante Aurore
Qu'occupés des hauts soins dont ils sont tourmentés,
Se levant de nouveau, troublés, tous agités,
Même n'attendent pas que les ailes des heures
Aient ouvert des mortels les propices demeures;
Les uns courent les champs; les autres, sur les eaux,
Comme des dieux marins vont combattre les flots;
D'autres vont savourer en des lieux de bombance
Des mets fort succulens qu'ils dévorent d'avance;

3

D'autres frappent les airs de beaux vers d'almanachs,
Et de fins déjeuners charment leurs estomacs ;
D'autres en doucereux, à voix enchanteresses,
Vont régaler leurs cœurs de nouvelles maîtresses.
Alors, montrant au jour un front qui s'aigrissait,
Le consente des dieux déjà se remplissait.
La Discorde le voit, et, frémissant de rage,
Jure d'en rendre au moins la moitié folle ou sage :
Sur leurs teints, leurs couleurs en rouge de pavots,
Montraient de larges fronts mouvant sur leurs pivots ;
Un arrêt du Destin pour leur insuffisance
Annonçait de leur art l'entière décadence,
Et la cause en était leur faux aveuglement,
Leur mauvais choix, leur goût et leur emportement.
Obstinés d'un côté, de l'autre sans lumière,
Et de l'autre trompés sur l'objet, la manière,
Alors qu'ils le pouvaient ils ne voulaient pas voir ;
Ils voyaient le mal blanc, le bien le voyaient noir,
Et leur lente paresse et leur insouciance
A la fraude joignaient double insignifiance ; (1
Leur erreur, leur orgueil, comme leur vanité,
Etaient de la partie avec leur volonté.
Or avec tout le bien, comme le mal à faire,
Devenus tous des dieux, des maîtres de la terre,
Se pouvait-il ainsi que de si puissans dieux
Lussent dans l'avenir avec de meilleurs yeux ?
Une voix dans leur sein le leur disait sans cesse ;
Mais ils restaient toujours dans une longue ivresse.

Par une loi du sort, d'éternel souvenir,
Ils avaient droit pourtant de voir dans l'avenir;
Mais ils ne croyaient point être atteints de folie.
Des fronts malins armés du masque de Thalie
En de ces certains lieux où d'adroits infracteurs,
Du beau comme du bien affamés détracteurs,
Dénigrent le talent, s'arment de l'ironie,
Ridiculisent tout avec sotte avanie,
Et, tels qu'un lumignon d'un livide falot,
Pour gagner de l'argent font jouer un grelot;
Avec des noms plus bas que leur maigre génie, (2
Causaient de leurs talens la chute à leur manie;
Et ces dieux si puissans, dans leurs travaux poudreux,
Croyaient des dieux catons être toujours entre eux,
Se servaient de recours qu'armaient leur politique
Pour établir ailleurs leur pouvoir despotique,
Par la base manquant, mais qu'avec des ressorts
Ils mouvaient en dessous pour aller au dehors. (3
Pourtant dans leur consente apportant la lumière,
Minerve chaque jour s'y trouvait la première;
Voyant le trouble auquel elle n'avait point part,
Elle prend la parole en vertu de son art:
— Charmans dieux, leur dit-elle, encore pour vous-même
Faut-il que Pallas parle autant qu'elle vous aime?
Si sa voix vous combat par vos propres discours,
Ses conseils valent bien ceux du dieu des amours.
De la Fourbe toujours l'Injustice est la mère,
Et le cœur du méchant en est toujours le père;

L'Honneur n'en peut souffrir les doubles favoris;
La Raillerie alerte y porte ses mépris.
Une fine vengeance, ou plus ou moins passible,
Vous a pris par l'endroit pour vous le plus sensible,
Et vous êtes percés du plus fin aiguillon
Par un des protégés du temple d'Apollon.
Vous deviez prévenir l'énergique défense;
Vous ne l'avez pas fait; à la faute est l'offense.
Une muse en riant qui lance un piquant trait,
Frappe souvent bien plus que la raison ne fait:
A l'erreur opposer l'arme de la satire,
C'est se venger sans doute, et ce n'est point médire.
Avec le même coup que vous avez porté,
Armé du même fer, on vous a riposté;
Rien n'est si naturel, et la chose est très-juste:
Tête vide de sens n'est jamais qu'un vain buste.
Connaissant le passé, le présent, l'avenir,
Quoi! vous savez si mal vous en entretenir?
C'est là que le talent ainsi que le génie
Y font voir les couleurs que l'erreur lui dénie;
C'est là que vous devez paraître sans orgueil,
Pour éviter l'orage aussi bien que l'écueil,
Et que là vous devez, sans vanité choquante,
N'avoir point les détours d'une ruse piquante,
Ainsi qu'en vos dortoirs, lieux de fatuité,
De mépris, de dédains et de méchanceté.
Dieux superbes et vains, n'est-ce pas le génie
Qui vous donne par l'art d'un côté l'ambroisie?

De l'autre le talent et l'argent des mortels,
Qui montrent le nectar et l'or de vos autels?
Quel est donc le rhéteur qui, d'humeur si lutine,
Porte ses coups si fort frappés à la sourdine, (4
Qu'il faut que l'or après au jour les fasse voir,
Pour en faire sentir votre si grand savoir?
Les Muses ne sont point d'une humeur complaisante;
On irrite, beaux dieux, quand l'âme est malfaisante.
Voilà ce que vous dit la déesse Pallas;
Cela vaut bien, je crois, l'esprit de vos atlas.
A ce que voit et sait la sévère Minerve,
Beaux dieux, montrez-lui donc votre corps de réserve,
Et ces si grands savans, habiles dans leur art,
Sages impartiaux, sans malice, sans fard,
Et qui jugent si bien, sans feintes et sans ruses,
Au temple d'Apollon les disciples des Muses. —
A semblable discours si vivement sanglé,
Le conseil frissonna, mais resta peu troublé.
Minerve se retire et laisse la Malice,
La Ruse et l'Intérèt juger à leur caprice,
La Bêtise se taire, et la Cupidité
Ainsi que la Cabale agir d'autorité.
La Discorde et l'Envie, en un coin du consente,
Avec un voile était chacune à part présente:
Ayant entendu tout, elles volent soudain
Des autres demi-dieux enluminer le sein,
Toujours ayant grand soin de cacher leur présence
Dans les vastes détours de ce palais immense;

De la folle assemblée égarent les esprits,
Pénètrent les recoins des théâtrals lambris.
Malgré qu'y soit souvent leur noire préséance,
Elle y fait moins de mal encor que l'Ignorance.
Par elles l'art souvent prend plus d'éclat, d'essor :
Elles le sentent bien ; aussi c'est peu qu'encor
Elles soient vivement ensemble réunies,
Profitant de se voir nullement désunies ;
Elles ont à leurs pas le dieu de l'intérêt,
Le célèbre Plutus, garant de leur secret,
La Malice, l'Astuce et la Trigauderie,
Cette adroite effrontée avec cafarderie,
A l'œil vif, aigu, fin, et de duplicité,
Qui de biais toujours va dans l'obscurité.
Aussitôt le Dépit, la Fureur et la Rage
Détraquent sans pitié la tête du plus sage ;
La Déraison aveugle et la Confusion
Mettent les agissans tous en combustion ;
On ne se connaît plus ; on se bat, se déchire ;
Un pouvoir infernal y règne avec empire ;
Tout perd son équilibre ; à bas, retortillé,
Agité, retourné, frappé, détortillé,
Tout saute remué, ne peut rester tranquille ;
Partout, au comble, au fond, tout danse, tout vacille ;
Ces dieux, tous agités dessous des contrebas,
Semblent vouloir aussi faire des entrechats :
On dirait que Pluton, venu des noirs royaumes,
Amène sur ses pas des spectres, des fantômes,

Tous les malins esprits de la porte de fer,
Et les noirs habitans du séjour de l'enfer;
On croirait voir de plus, auprès d'un noir rivage,
Eole dans les airs apprêter un orage,
D'une tempête affreuse annonçant le gros temps;
Neptune sur les flots parler au dieu des vents;
La foudre, le tonnerre, en dévorantes cimes,
Se plonger tout à coup au fond de ses abimes,
Se battre avec le jour de l'empire des eaux,
Et gronder, fulminer jusqu'au centre des flots.
L'Ignorance frémit; la Bêtise frissonne;
La Discorde ou l'Envie est à chaque colonne.
Dans ce sanglant moment au séjour infernal,
Prêt à tirer des pleurs, le trouble est général,
Et, tout vu, tout relu, s'y frappe, s'y renverse,
Feuilleté, regardé, de plus s'y bouleverse;
On fracasse, l'on brise, et la Discorde en l'air
Le cause, et pour cela l'on n'y voit pas plus clair.
Tout joli logogriphe et les belles charades,
Les jolis calembours des esprits à ballades,
Revoient un nouveau jour qu'ils n'auraient vu jamais;
Les simples madrigaux, tous les *je vous aimais*, (5
Que de fameux écrits et de belles brochures
Sortent de la poussière et de leurs sépultures!
Tout aimable acrostiche, hormis le triolet,
Tout écrit, jeu de mots du moindre Jodelet, (6
De très-jolis auteurs les tendres tragédies,
Les doucereux discours des verves affadies!

O Phraate! ô Venda! Teglis, Amalaric,
Pharamond, Sabinus, Isaac, Childéric, (7
Aspar, Asba, Christophe, infortuné Pirame,
Semblable en un recoin à la belle Mirame;
Josaphat, Goliath, brûlant Manco-Capac,
Eblouissant du feu de ton grand estomac;
Tendre Inès de Castro d'Houdart le poétique;
Chefs-d'œuvres de Pradon, admirable tragique,
Grand rival de Racine, étayé de supports,
Avalant le goujon de leurs fameux efforts;
Ouvrage de chaleur, malheureux Tiridate,
Ne pouvant seconder le pauvre Demarate;
Grands druides si blancs, Régulus, Acoubar;
Rapide Venceslas, étonnant Balthazar;
Nicomède fameux, grand roi de comédie,
Aussi grand conquérant que dans Nicomédie;
Malheureuse Ariane en des vers aussi chauds,
Expirante deux fois par la fraîcheur des eaux,
Et tant d'autres cachés au sein de la poussière,
Que vous êtes heureux de revoir la lumière!
Vous de même depuis, que je ne nomme pas,
Poëmes merveilleux tombés de haut en bas;
Vous encor qui d'après, ainsi que de l'eau claire,
Voulant vous relever, êtes restés par terre;
Et vous que la cabale et d'intrigans esprits
Ont fait aussi valoir si pauvrement écrits,
De ces superbes dieux remplissant tous les coffres,
En bon nombre éloignant de mille autres les offres,

Excepté l'or, l'argent, en beaux vers corinthiens,
En étant les ressorts et les grands entretiens!
Pour vous autres penseurs, sans honneur, sans réfuges,
Rejetés dignement de ces célèbres juges,
Sans appui, sans secours, sans force, sans honneur,
Vous ne méritez pas sans doute ce bonheur!
Poëmes ignorés de moins longues fabriques,
Vous n'aurez pas ce droit; vous êtes trop étiques
Pour être en si beau jour, où de beaux soliveaux
Ont paru chanceler dessus des baliveaux!
Et vous autres encor dont sans doute le nombre,
Ayant un sort pareil enseveli dans l'ombre,
Ne mérite pas plus la lumière des cieux
Qu'un dédaigneux regard de ces superbes dieux!
Mais cesse ici le trouble ainsi que la tempête,
Et d'après le fracas le carnage s'arrête;
Ces guerriers, ayant peine à croire dans leur cœur
Jusqu'où s'était porté en eux tant de valeur,
Ne pouvant revenir d'un aussi grand courage
Que leur avait causé ce vigoureux tapage,
Harassés, fatigués d'un semblable combat,
En laissent à l'instant le pénible débat.
De mon troisième chant c'est le trait pénultième;
Voyons si je pourrai faire le quatrième:
Le fait est si frappant qu'il doit être écouté;
Or il faut donc qu'il soit au long plus raconté.

FIN DU CHANT TROISIÈME.

NOTES

DU CHANT TROISIÈME.

———

1) On dit *insignifiant, insignifiance*, sans dire son verbe composé *insignifier*. On dit *signifier*, et je n'ai point vu dans le Dictionnaire *signifiance* : est-ce une bizarrerie ou une omission dans notre langue? Voltaire eut donc raison de vouloir faire adopter autrefois le mot *insoin*, qu'il envoya à l'Académie, qui s'en occupa pendant quelque temps, mais qui resta, je ne dirai point *inadopté*, vu cela, mais dans l'oubli. Voltaire ayant un jour à sa table à Ferney le père Porée, dit-on, avec un officier, voulut profiter de cette occasion qui se présentait d'innover ce mot, sans doute comme bien d'autres de ce genre qui ne sont point dans notre langue, et qui la rendraient plus riche au besoin ; il profita de ce que son cuisinier lui apportait un rôti qui n'était point assez cuit pour dire : — Ce gigot est *inscuit*, — et comme l'ecclésiastique et l'officier ne répondaient rien, il insista en disant à l'officier : — N'est-il pas vrai? — qui lui répartit ingénuement : — C'est l'*insoin* de votre cuisinier. — Les deux syllabes nazales firent rester Voltaire dans le silence, et il n'en fut plus parlé depuis. Il y a cependant beaucoup de mots qui manquent dans notre langue, surtout dans les composés, qu'il ne serait pas mal de créer peut-être, avec quelque réserve.

2) Il y avait dans ce temps-là un spectacle vraiment comique, dans lequel existaient de certains êtres originalement plaisans

qui ridiculisaient tout, jusqu'aux poëmes faiblement connus, où il pouvait y avoir assez d'élan de génie pour être joués.

3) Ces acteurs du vieux temps tenaient sous leur férule quelques autres spectacles, que certains chefs pris d'entre eux, par conséquent à leur dévotion, surveillaient secrètement selon leur pernicieux caprice.

4) On n'a pas connaissance si l'examinateur préposé jadis à Rome pour voir les pièces pour être jouées donnait l'examen par écrit d'un poëme insuffisamment bon à son auteur lorsqu'il le lui rendait; mais ce qui est de fait, c'est que l'auteur d'une pièce intitulée *Armide et Renaud* a dans ses mains un ancien examen du souffleur Delaporte du théâtre Français, mort depuis, dont le contenu du refus est pitoyable, et qu'il a de nouveau, depuis 1810 et 1811, de trois tragédies, l'une intitulée *Darius Codoman*, l'autre *Marcus Brutus*, et l'autre *Armide et Renaud*, imprimées depuis trente ans passés, copiées avec corrections d'après les imprimés, et envoyées par intervales de quinze jours à quinze jours, manuscrites, par trois personnes différentes, au théâtre Français; l'auteur donc a de chaque trois examens qui font frémir le sens commun, qui furent remis successivement aux trois différentes personnes chargées aux trois diverses fois de reprendre ces poëmes, et que le secrétaire leur confia avec peine, sous promesse de les rendre, mais que l'on a gardés pour conviction.

5) L'auteur n'attaque point tous ces petits poëmes, mais leur emploi mal à propos dans de certaines tragédies; ainsi plus d'un, pris à part, quand il est bien fait, peut avoir son mérite.

6) Acteur badin du 15e au 16e siècle.

7) Anciennes et mauvaises tragédies à peu près de la trempe de celles de Hardy, poëte du 15e au 16e siècle.

LA THÉÂTRÉIDE,

POÈME ÉPI-COMIQUE.

CHANT QUATRIÈME.

———

D'après ce grand assaut, terminé sans répandre
Le moindre sang, du moins qu'on avait lieu d'attendre,
Minerve reparaît au consente surpris :
Elle semble un moment partager les esprits.
Le jour est plus serein, et l'air, qui se colore,
Dans un brillant éclat paraît plus pur encore.
Aussitôt s'offre aux yeux, en un vaste contour,
Trop grand pour un mortel, trop petit pour l'amour,
Un sol presque sans fin, aussi charmant qu'immense,
Où l'éclat adouci du plus beau jour commence,
Dont l'œil charmé voudrait être toujours témoin,
Où le jour théâtral n'en est que le recoin :
Là des portes d'airain en découvrent l'entrée ;
Le sol est d'incarnat, la voûte est azurée,
Et des colonnes d'or, de marbre et de saphir,
En paraissent montrer le séjour du Zéphir ;

De guirlandes de fleurs un long cours l'accompagne,
Et dans le fond on voit une vaste campagne ;
Les rayons du soleil, sans une forte ardeur,
En relèvent l'éclat ainsi que la splendeur.
O puissant dieu du jour ! toi seul tu l'environnes
D'une immense longueur d'innombrables colonnes.
Jamais Delphes, Paphos, ou le temple d'Ammon,
Ou de Diane aussi, n'ont passé son renom.
Les cèdres du Liban de distance en distance
En ombragent le faîte en sa longueur immense ;
A l'entour, au-dehors, en des taillis divers,
Sont des massifs de fleurs et d'arbres toujours verts.
De tous faibles humains l'âme reste enchantée,
De joie et de plaisir, d'ivresse transportée.
On y voit tous les noms de ces hommes fameux,
Jusques à leurs portraits, se disputer entr'eux
Le rang si célébré de leur digne victoire,
Ecrite pour jamais au temple de Mémoire.
— Regardez, dit Minerve aux dieux, plus apaisés,
Pour lors à contempler un peu mieux disposés ;
Regardez les dedans de ce temple superbe,
Où des pas en dehors pour le voir foulent l'herbe ;
Se peut-il que tout près de ce temple divin
Vous ayez dans le cœur un aussi noir levain ?
De la célébrité la durée éternelle
Vous en montre la route et l'image immortelle,
Ainsi que le présent, le passé, l'avenir,
Jour immémorial d'éternel souvenir.

Fléchissez le genoux, vous, beaux dieux de la terre;
Plus justes, c'est enfin ce que vous devez faire.
—Nous fléchir le genoux! Nicolas lui répond;
Puis le fier Baptistin, puis Fricoteau le rond. (1
Et devant qui? Devant des têtes à sornettes,
Des piliers d'Apollon, des cornets à lunettes?
Et nous pourrions bien voir pour de pareils mortels
Le plus pur des encens brûler sur nos autels,
Et le plus grand des arts manquant d'une lumière
Qu'ils n'élèvent jamais à sa force première!
Moi j'y verrai toujours d'un œil tranquille et sec
Poëtes, orateurs, tout allobroge grec,
D'Euripide, Sophocle, et d'Achille et d'Homère,
Stace, Horace et Virgile, et Lucain sa chimère.
Plus d'un souvent puni pour ses produits nouveaux,
Avec droit maltraités; ceux-ci de leurs rivaux
Éprouvant des revers au milieu de leur vie,
Par la ruse attaquée ainsi que par l'envie,
Pour leurs claquans écrits et leurs minces talens
Recevoir de leur gloire un médiocre encens!(2
En traversant un lieu de longue permanence,
D'autres, assez payés de leur persévérance,
De leur vivant haïs, oubliés, délaissés,
Pas mieux vus à leur mort que peu récompensés,
Et dont au plus les noms restent encore à croire,
Comme le triste cours de leur caduque gloire;
Pour un travail frivole un autre rebuté,
Un autre par faveur un peu mieux écouté,

Et qui devait s'armer, aidé de son génie,
Des cris de la cabale avec juste manie,
Et d'égaux avant lui le malin successeur,
Y témoigner encor plus d'esprit que de cœur ! (3
Eh ! que nous fait qu'un d'eux, en passant la barrière,
Par son premier ouvrage ait perdu la lumière,
Trop heureux d'avoir fait dans son moyen printemps
Une œuvre qui sans nous n'aurait point eu d'encens ! (4
Nous ornons, rien de plus, en portraits, en peintures,
Nos célèbres foyers de leurs tristes figures.
Pour donner plus de poids à notre autorité,
Cette ostentation vaut la célébrité ;
Ainsi nous pouvons bien avoir, sans nul dommage,
Pour nous fort engraisser d'un lucratif hommage,
Par l'honoré travail de leurs pauvres cerveaux,
Des meubles d'or massif, dignes de nos travaux.
Aidé par le bon œil d'un ange tutélaire,
N'est pas toujours qui veut de notre sanctuaire ; (5
Il nous faut beaucoup d'or, nobles concessions,
De l'honneur, du respect et des soumissions.
Par des jours à finir tel en doit être encore
Ce qui reste dans l'ombre et ce que l'on ignore.
Tout auprès de ce temple et de son jour divin,
On dit que nous joignons l'amertume au levain :
Ne pouvons-nous chercher dans notre consistoire
De morgues à nous faire un noble répertoire,
Et réduire au vil gain d'un sordide métier
Des enfans d'Apollon les mines à laurier ?

Assurément pour nous, à faveur aussi grande,
N'est-ce pas rendre au plus ce qu'il faut qu'on leur rende?
Tel le pensent entre eux certains esprits follets,
Qui, de leurs trous sortis, habitent des palais. (6
Or nous c'est avec droit que de gente manière
Nous laissons ce qui fuit et craint fort la lumière;
En mêlant à notre art beaucoup d'affinité,
N'ayons donc que pour nous de la bénignité.
Pour nos frères vieillis détachés de la troupe,
Si dessus le bonheur nous allons tous en croupe,
C'est d'après qu'ils ont eu, dans leur goût modéré,
De l'or fort à gogo qu'ils ont tout dévoré,
Qu'une quête pour eux, par notre art affichée,
Au bon gousset public est par nous accrochée;
Aider ces chers enfans qui manquent de velours,
C'est mettre notre gloire au plus haut de son cours,
Et marcher tout de bon, d'âme peu timorée,
Afin de bien agir droit à la picorée.
Mais pour tout maigre auteur dit par nous maltraité,
Soit au contraire au diable une telle bonté;
C'est tenir à leur rang tous ceux qui nous font vivre,
Que de les obliger dans nos goûts à nous suivre,
Excepté cependant les seigneurs du métier,
Qui montent à la nue avec un bras d'acier : (7
Ils sont tous trop heureux dans leurs vers de ménage
De venir à nos pieds nous rendre un humble hommage,
Tout comme à nos enfans, pour qui dans nos secrets
Nous sommes bienfaisans tout autant que discrets;

Or le refus par nous de faible ou bon tragique
Dont tout auteur qui meurt peste à notre critique,
Tourne à notre profit par la longueur du temps,
Et de droit à bon compte est croqué par nos dents : (8
Semblable bonhomie ainsi de nos hautesses
Est digne du degré des plus belles largesses. —
A ce langage ainsi tenu par Baptistin,
Applaudit Nicolas ainsi que Tripotin,
De même Fricoteau, qu'un restaurant ranime :
L'assemblée y répond d'une voix unanime,
Avec des brouhahas du centre théâtral,
Si grands qu'on les croirait du séjour infernal ;
Mais Minerve reprend en montrant son égide :
—Traîtres, vous exaltez un discours si perfide !
Et, jugeant de la sorte, ainsi vous osez voir,
Et voulez écorner le jour qui n'est pas noir ! (9
Et vous vous unissez à ces âmes serviles,
A têtes de Momus, en malices fertiles,
A détours, à biais, à noire avidité,
Si lâchement soumis à la cupidité !
Voilà de vos secrets l'admirable mystère.
Hé, ne craignez-vous pas que le dieu du tonnerre,
Lui qui vous cède encor ce qu'il a de plus beau,
N'ordonne même au jour d'y porter son flambeau ?
Prolongez vos regards dans la suite des mondes ;
Descendez avec moi jusqu'en leurs nuits profondes :
Si les dieux sont soumis aux rigueurs du Destin,
Devez-vous y manquer aux lois du genre humain ?

Par si gentille erreur fort égale à vous-même,
C'est tromper vous, le jour et son éclat suprême :
Minerve n'aime point un esprit intrigant,
Et jamais pour tromper n'a parlé divagant.
—Mes amis, dit Momus, voilà ce qui s'appelle
Un autre beau discours d'une belle cervelle.
Disciples du talent, vous qui sans doute avez
Tout ce que je n'ai pas et ce que vous savez ;
Vous, sans vous abaisser au dicton du vulgaire,
Qui marchez à l'égal du maître du tonnerre,
Pour répondre à Minerve, à son grand sentiment,
A ces élans du cœur peints aussi chaudement,
Au beau dieu Baptistin souffrez que je me joigne,
Et qu'un autre Pilade ainsi vous le témoigne.
Je suis, vous n'en doutez, le joli dieu Momus,
Le frère de Thalie, aimant très-fort Vénus :
Pour raison jusqu'alors je n'ai pu rien vous dire ;
N'en soyez pas surpris ; je ne savais pas lire.
Voyez dans moi l'ami d'un ami de Crésus,
Qui, charmant minaudier des trésors de Plutus,
Dit, voyant à sa porte un disciple des Muses,
Qu'on n'y voyait que lui ; les pauvres et les buses. (10
Bref, de même que moi, vous tout à fait aimés
De ces faiseurs de tours dont vous êtes charmés,
Laissons là ces propos qui sont dignes des diables,
Toujours à la santé très-préjudiciables ;
Vive plutôt la gloire et la félicité !
Aux enfers pour jamais toute méchanceté :

Le doux fruit de la treille est tout ce qui me charme ;
De tout ce qu'on me dit je ne prends nulle alarme ;
Peu doit nous importer d'être par les Destins
Appelés des Thespis à têtes de mutins :
Nos âmes de bon or sont trop bien emplumées
Pour que l'on nous regarde ainsi que des pygmées ;
Nous sommes désormais des disciples d'argent,
Des ventres bien fournis et surtout bien mangeant ;
Par les dieux de l'Ida, qui sont des dieux équestres,
D'après les lois du sort, nous de beaux dieux pédestres.
Je ne sais qui les fit tant porter à cela ;
Mais enfin le fait est ; sot qui peu le croira :
Profitons du bonheur d'une faveur si grande,
Et goûtons du nectar de l'immortelle bande.
Quoiqu'on dise de moi que, plein d'orviétan,
Je fasse le métier d'un adroit charlatan,
Ou fourbe, faux, trompeur, quelquefois je m'abuse,
Ma gentille marotte en doit être l'excuse.
Qu'un ours vienne à moi, je n'en aurais pas peur ;
D'abord, le saluant, je lui dirais : Mon cœur,
Vous êtes tout à fait une belle personne ;
Mais avec vous de loin il faut que je raisonne.
Puis, sans en approcher, zest, tout comme un éclair,
Je le laisserais vivre et jaser en bel air,
Et je m'amuserais à voir ses gentillesses
Avec beaucoup d'honneurs comme de politesses,
Et de loin, m'en allant, le saluant toujours,
Je vous l'appellerais idole des amours.

Quant aux beaux sentimens d'une de nos déesses,
De la belle Minerve, en ses hautes prouesses
Dans nos conseils, formés dans le plus grand effroi,
Où nous disputons tous en ignorant pourquoi,
L'affaire, à vous entendre, est toujours sérieuse,
Et moi je ne la vois que fort ingénieuse.
A ce palais fameux, à son enchantement,
A ce qui l'environne en agrandissement,
A son brillant éclat sur l'or et sur le marbre,
A la beauté du jour, la hauteur de chaque arbre,
Je ne crois nullement; ce sont des vertigos,
De belles faussetés de pays astrogos,
Toutes des visions de ces vieilles sibylles,
Pour leurs pauvres esprits en oracles fertiles;
Aussi bien que Minerve en son temple fameux,
Quand mon esprit se porte à ce palais pompeux,
Je n'y vois rien qui soit au-dessus du vulgaire,
Rien qui frappe les yeux et ne soit ordinaire;
Au contraire, j'y vois beaucoup de radoteurs,
De faits de tout humain grands examinateurs,
Qui jugent de travers, ont de mavaises têtes,
Donnent souvent à gauche et sont des trouble-fêtes.
Que nous prouve Pallas par toutes ses raisons,
Dont toutes les vapeurs ressemblent aux saisons?
Avec les tours adroits du célèbre Mercure,
Ma marotte en dit plus que sa froide censure.
Mes beaux frères les dieux, pour cent plaisirs de plus
J'aime mieux mille fois être aimé de Plutus

Que d'avoir de Pallas le bec à noire crête,
Qui, sans parler au cœur, ne parle qu'à la tête.
La grande Melpomène, avec son grand poignard,
Ne saurait me charmer roulant son œil hagard ;
Je préfère bien plus ma charmante Thalie,
Et le divin hochet de ma sœur la Folie.
Voulez-vous que tout bas j'achève le fin mot ?
Nous avons quelquefois la critique d'un sot ;
Nous donnons au trop vieux couleur mal rajeunie,
Du faible avec du plat qui n'a point d'énergie.
Je le dis sans vouloir chercher à vous fâcher ;
Et pour vous et pour moi je ne puis vous cacher
Que nous devrions bien, en remuant nos ruches,
Ne pas tant nous montrer coiffés comme des cruches.
Nous entendant parler, le cœur sent s'attiédir ;
Nous ennuyons ; on bâille au lieu de s'attendrir ;
Et j'ajoute de plus par ce qu'on nous confie,
Dont, souvent abusé, beaucoup on se méfie,
Par ce qui prend l'essor d'après nos fins refus :
S'il survient des larcins par nos malins rebus,
Nous n'aidons nullement certain cher ami nôtre,
Bien armé d'un côté, comme fardé de l'autre ;
De ces produits cachés, vus ou non par hasard,
A prendre, rencontrer le moindre petit fard
Qui s'adapte au sien juste, ou maigre, ou fort, ou mince,
Qu'il exhibe pour nous, même en assez bon prince,
Et n'aidons même en rien ce bon et cher garçon,
Sans malice, à marcher d'assez bonne façon ; (11

Encor moins prenons-nous pour le nerveux l'acerbe.
Moins tripotons; mêlons le chardon avec l'herbe:
De produits neufs et vieux se sent notre cerveau;
Mais nos goûts sont usés; il nous faut du nouveau.
Cependant, mes amis, nous agissons en sages
D'avoir secrètement des prôneurs à nos gages,
A qui nous accordons, pour nous faire valoir,
Dans notre sanctuaire une entrée au parloir,
Surtout en évitant qu'une force céleste
De plus hauts dieux que nous nous devienne funeste:
Ainsi donc aux dépens de nos pauvres bâilleurs,
Notre art ne peut saisir si bon engrais ailleurs.
Au reste à l'avenir n'ayons que du comique,
Et, laissant de côté le bel et bon tragique,
Examinons-le bien sans de restriction,
Avec beaucoup de goût et de distinction.
Pour ces gens de l'Ida, qui tiennent la pécune,
Ayons salut, honneur, plaisir, gloire et fortune;
Mais de tous ceux de qui nous sommes les preneurs,
Empochons l'or, l'argent, et soyons leurs meneurs.
A ce que je dis là que Pallas en débite;
En finirons-nous plus par une mort subite?
Nous saurons bien rabattre en elle ses discours,
Qui fatiguent sans cesse et nous blessent toujours:
Mars ainsi que Pallas, à fureur trop altière,
A toujours des combats dans sa tête guerrière;
Il est peut-être l'ours dont j'ai parlé tantôt;
Or il ne faudra pas l'écouter de sitôt.

Les avis de Momus, quoi qu'en dise tout sage,
Valent quelquefois ceux que l'on donne à tout âge. —
Là s'arrêta Momus. Mars, qui n'était pas là,
De l'assemblée absent, n'entendit pas cela :
Bien en fut pour Momus, car d'une main massive
Mars eût pu lui prouver la raison positive,
Et pour sans compliment le dire à découvert,
La tête de Momus en eût un peu souffert.

FIN DU CHANT QUATRIÈME.

NOTES

DU CHANT QUATRIÈME.

1) Le lecteur ne sera certainement point surpris de cette épithète, nullement inconvenante, comme certain méchant examinateur de pièces de théâtre pourrait le penser, puisque quand un professeur de collége fait traduire Virgile à un écolier dans le passage de la lutte des vaisseaux d'Énée entre Meneslée, Sergeste et autres, en parlant de Cloante, il lui fait dire le *fort Cloante*, et parle autrement des autres pour distinguer leur force et leur caractère.

2) On ne fera point de notes partielles pour quelques auteurs infortunés; on sait combien la plupart ont été maltraités.

3) Malgré tout ce qu'on ait dit de Voltaire, il ne cabala jamais.

4) Fut-ce du temps des Grecs qu'un auteur ne put faire jouer une tragédie qu'il avait faite? Ou bien est-ce Guymond de la Touche, dans le siècle précédent, auteur d'Iphigénie en Tauride, qui, n'ayant pu gagner sur les comédiens français de lui jouer son poëme, fut obligé d'aller voir la personne qui y devait faire le rôle de prêtresse de Diane, malgré les conseils de

ses amis et du chirurgien de la personne même, qui le lui dé-
fendaient, ce dont il mourut à trente ans? Sa pièce, restée au
théâtre, fut jouée après sa mort.

5) Fut-ce aussi du temps d'Athènes qu'un auteur, voyant une
pièce préférée à la sienne, qui était tombée, fut voir un acteur à
qui il reprocha cette balourdise, qui lui répondit : — Seigneur
auteur, n'est pas sifflé qui veut à notre spectacle. — Dazincourt,
acteur mort du théâtre Français, fit cette même réponse à un
auteur qui venait se plaindre à lui du refus de sa pièce pour
une autre préférée.

6) L'auteur d'un poëme épi-tragique en quatre chants sur
la mort de Léopold de Brunswick, qui se noya dans l'Oder
pour sauver des malheureux, alla après plusieurs années que son
poëme fut fait, et qu'il avait négligemment laissé dans l'oubli,
parler au rédacteur du Publiciste, autrefois censeur royal,
demeurant rue des Moineaux, dans un logement bien différent
de celui d'une des colonnades des Tuileries; ce rédacteur lui
refusa de l'annoncer, vu le laps de temps qui s'était écoulé
depuis l'impression. L'auteur lui demanda si la littérature était
un métier pour agir ainsi; il donna l'affirmative; à quoi l'auteur s'en fut en répliquant : — Hé bien, cela n'est pas mal;
j'ignorais cela. —

7) Dans tous les spectacles du monde a-t-on toujours vu de
tout temps des chers élus très-infiniment beaux, forts et jeunes
de corps comme d'esprit, qui en ont fait repousser d'autres, jugés
leurs très-humbles inférieurs?

8) L'auteur n'a jamais vu nulle part qu'il y ait eu une loi à
Athènes qui ait permis à tout spectacle quelconque de jouir à
son profit seul de la rétribution d'œuvres tragiques ou comiques
de tout auteur mort depuis dix ans, au détriment de ses héritier; ce qui serait une injustice, quand même ses poëmes au-

raient été joués de son vivant, et bien pire s'ils ne l'avaient point été; car il peut se faire qu'un intrigant de quelque spectacle quelconque ait l'astuce, d'après la vue d'une pièce qu'il croirait bonne, de la plonger finement dans l'oubli pour en avoir le profit au bout du terme passé sans bourse déliée, et en faire par conséquent le profit soit de ses enfans, soit de successeurs confrères; ce qui pourrait bien être du goût de certain monde. Cependant il est arrivé depuis, dit-on, qu'un héritier d'un auteur célèbre mort, ayant ignoré que cette loi existât, fut exposer son extrême besoin à un spectacle jouant les ouvrages de l'auteur dont il descendait; les acteurs de ce spectacle eurent la générosité, le temps soi-disant passé, de faire quelques représentations à son profit pour l'aider dans son infortune. Cela est beau, mais rare.

9) On pourrait dire à cette expression qu'on n'*écorne* point le jour, qui est un feu élémentaire; on répondra qu'on aurait pu mettre *obscurcir;* mais on a préféré *écorner,* qui paraît une métaphore outrée, qu'on appelle en rhétorique *catachrèse.*

10) On n'a point vu dans aucun auteur latin que cette réponse ait été faite au poëte comique Plaute, vu qu'il fut obligé de tourner la meule d'un coutelier pour vivre; mais on a ouï dire que Molé dit à un auteur qui venait trop fréquemment frapper à sa porte, qu'*on ne voyait que lui et les pauvres.*

11) Il y a une différence à faire d'un ouvrage fait simplement pour être lu avec un autre créé pour être représenté et qui ne l'a point été; celui qui vient à traiter après un autre celui pour être lu, et qui fait mieux, sans cependant piller son prédécesseur, c'est un malheur pour le premier si ce dernier fait mieux: mais il n'en doit pas être de même d'une pièce de théâtre non jouée, quoique imprimée, de laquelle, à strictement parler, on ne doit rien prendre ni imiter rien, vu qu'elle n'a point été représentée; mais si elle l'avait été, cela serait autre chose.

L'attestation amplement publique et parfaitement avérée prouve-
rait l'imitation ou la rencontre postérieurement accidentelle : au
contraire, dans l'ouvrage ignoré, mais imprimé, et sans doute
connu d'un petit nombre, l'imitation, la rencontre ou la simi-
litude, causée par la malice ou la cupide ineptie du refus de ce
poëme non joué, supposé qu'il soit suffisamment bon pour l'être,
montre d'un côté le méchant aveuglement d'un examinateur-
comédien qui le rejette, et de l'autre la rencontre fortuite ou
le larcin occasionné par le refus injuste et mal fondé du malin
ou pitoyable censeur, genre à tous égards d'examen qui est à
réformer et à réprimer de toute manière.

LA THÉÂTRÉIDE,

POÈME ÉPI-COMIQUE.

CHANT CINQUIÈME.

Le soleil dans son cours, entrant dans sa carrière,
Faisait voir aux mortels sa brillante lumière :
Pour la troisième fois au séjour théâtral
Tous ces dieux réformaient le comité central ;
En redoutant la chute, et plus la décadence,
Ils redoublaient de soins comme d'indépendance.
Pallas leur avait dit de fortes vérités,
Qui toutes leur semblaient d'absurdes duretés.
Comme un singe en un coin, sans se mettre en colère,
Momus gaillardement voyait passer l'affaire.
Mais, piqués jusqu'au vif pour leurs grands intérêts,
Dans leurs cœurs nos Thespis restaient peu satisfaits,
Et sur des faits au jour par leurs hautes sottises,
Ils découvraient toujours leurs malignes bêtises ;
Ils cherchaient des moyens, d'ingénieux recours
Dans leur façon d'agir pour en rompre le cours,

Le faux calcul de fait, la basse jalousie,
Et de voir de biais la folle frénésie,
Et les écrits donnés de modestes esprits
Que leur orgueil par ton voyait avec mépris,
Le discrédit causé par leur pauvre caprice,
Le vernis qu'ils donnaient à leur double injustice,
Le sanglant aiguillon d'un mordant déguisé,
Leur mauvais examen du talent méprisé,
Une foule d'abus... S'il fallait tous les dire
Je ne firais pas ici de les écrire.
Les raisonnemens faux étaient de leur côté;
Le découragement de l'autre était noté,
Et montrait en massif de leurs rafineries
L'absurde résultat de leurs faquineries:
Le but qu'ils en offraient aux regards des mortels
En laissait la charpente au bas de leurs autels;
Le peuple aveugle était amoureux de leur gloire.
Le fait était si faux qu'on ne pouvait le croire,
Et, toujours aperçu dans un obscur lointain,
Le coloris masqué n'offrait rien de certain;
De leurs fins affidés les malignes manières
Cachaient adroitement leurs méchantes tarières;
La mine recouverte, on ne la voyait point;
Son fil dessous la nasse à la fraude était joint.
Mais malgré leurs combats, soit de langue ou d'épée,
Les dictons dont leur âme entr'eux était frappée
Les occupaient autant, dans leurs secrets discords,
Que leurs grands intérêts en étaient les ressorts.

La Fraude, qu'on colore et qu'avec art on cache,
En divisant ainsi fait toujours une tache,
Et la Discussion, mère de bas rivaux,
Engage rarement à de justes travaux.
Cependant on disait qu'une grande victoire
Allait les illustrer des palmes de la gloire :
Ainsi tous assemblés, pour des faits aussi grands,
Arrivés au consente, ils prennent tous leurs rangs.
A cette fois pour lors il n'y manquait personne ;
C'était à qui pourrait être maître-j'ordonne ;
Mais tandis que d'avance un œil applaudissant,
Dans un lieu tout rempli d'un or resplendissant,
Observe les portraits de premières essences
Qui, plus par vanité que par dignes croyances,
Sont, dans ce haut séjour de la célébrité,
Renfermés par celui de l'immortalité,
Soudain un bruit terrible, une voix fort altière,
Semble annoncer les pas d'une fière guerrière.
Au conseil assemblé, qui dispute toujours,
Le bruit de la trompette à cent mille pourtours,
En tuyaux redoublés, retortillés sur elle,
Leur fait passer la voix d'une bouche immortelle :
Le jour même en pâlit, et la voûte des airs
En remplit les échos de mille cris divers.
Sous ses vastes lambris l'assemblée, étonnée,
Voit entrer à l'instant l'illustre Renommée :
— Beaux guerriers, leur dit-elle, à ma voix, à mes pas
Vous voyez qui je suis, et vous n'en doutez pas.

Ma bouche, qui partout va dans son vol rapide
Annoncer aux mortels, d'une trace intrépide,
Le mal, le bien présent, le passé, l'avenir,
Tantôt vrai, tantôt faux, d'éternel souvenir,
Vous apprend que ce jour une gloire immortelle,
Paraissant sous l'azur de la voûte éternelle,
Va couronner enfin vos illustres travaux,
En dépit de l'Envie et de tous vos rivaux.
D'illustres potentats vont de toute la terre
Présenter un hommage à votre haute sphère ;
Il ne reste aucun lieu qu'ils ne laissent ce jour
Pour donner un encens à votre auguste cour ;
Ils se rendent vers vous de tous les lieux du monde,
Du Monomotapa, de Siam, de Golconde,
Pour admirer les coups de vos exploits divers,
Quoi qu'en disent encor de célèbres pervers.
Du Visapour, la Chine et les îles Moluques,
Avec le grand Mogol, ami de vos perruques,
Les habitans du Nord et ceux du mont Liban,
Et ceux de l'Arabie, esclaves du turban,
A votre tribunal éclatant de lumière,
Réunis, vont paraître avec la Grèce entière ;
Vous ne tarderez pas à les apercevoir :
Apprêtez-vous, beaux dieux, à les bien recevoir.
Je vous laisse, et je pars en moins d'une seconde
Annoncer votre gloire aux quatre coins du monde. —
Aussitôt disparaît la déesse aux grands yeux.
La joie et la surprise est aux théâtrals lieux.

Le noble Fricoteau prend alors la parole :
— Gloire, salut, honneur, dit-il, dieux du Pactole !
Permettez-moi le droit de parler à mon tour ;
Moi qui suis bien portant, vermeil comme le jour,
Sans vouloir que mon art ici trop haut se monte,
Il faut que cependant je parle pour mon compte ;
Vous ne voudriez pas que moi, dieu du fricot,
A vos yeux, sans parler, je restasse en nigaud :
Vous savez que l'on dit, partout où j'ouvre, où j'entre,
Que ma tête vaut bien la force de mon ventre.
Quelle fête s'apprête, et quel destin plus doux
Va nous montrer les pas venus jusques à nous,
De savans, princes, rois, de la terre et de l'onde,
Comme s'il en pleuvait sur la machine ronde !
Quoi ! depuis les momens que nous nous empoignons,
Et qu'entre nous si fort tous nous nous recoignons,
Partout qu'on nous déchire et qu'on nous vilipende,
Faut-il que notre gloire aussi fort en dépende ?
Or j'offre pour réplique, en parlant tout de bon,
En fait de nos talens, que nous demande-t-on ?
Sont-ce pour notre état nos fameuses manœuvres,
De faits bien dirigés les sublimes chefs-d'œuvres ?
Nous n'aimons que les vers passés aux laminoirs,
A teint poli, glacé, beaux comme des miroirs ;
Le sublime de cœur, l'élan de longue haleine,
Au bon vieux temps par nous est renvoyé sans peine :
Si pourtant quelquefois, dans nos soins sourcilleux,
Nous venons à jouer un peu de rocailleux,

Nous avons nos raisons, qui sont certes valables;
Pour en dédommager nous faisons les aimables;
Nous nous montrons par-là comme nous le devons;
Pour l'honneur et la gloire ainsi nous le pouvons.
A tous nos travailleurs nous donnons nos idées;
Mais d'amis chers par nous les verves sont aidées;
Il n'est rien de si beau que la belle amitié,
Et si nous voulons bien montrer quelque pitié
Pour un vassal qui vient à manquer d'énergie,
Lorsque nous lui prouvons sa froide léthargie,
Nous le chevillons ferme et l'apostillons dur
En le faisant marcher alors d'un pas plus sûr;
Mais il faut toutefois, avant qu'il se reforme,
Qu'il coupe, taille, rogne, et reforge et réforme;
Que, soumis à nos goûts, nos mœurs et nos plaisirs,
Il flatte nos penchans ainsi que nos désirs;
Et c'est à quoi surtout il doit bien prendre garde,
Et dans nos volontés que rien ne le hasarde;
Par-là nous lui sauvons de grands coups de sifflets,
Ou le souffleur nous souffle à grands coups de soufflets;
Alors nos forts poumons se mettent tous en quatre,
S'échinent tout de bon, ne songeant qu'à se battre.
Après nous voyageons pour empoigner de l'or;
Partout on nous annonce alors au bruit du cor;
On nous prône arrivés, partout on nous affiche
Comme un bramine, un bonze, un derviche, un fétiche.
Voilà tous nos péchés envers ces agnelets;
Qu'ils nous montrent les leurs, ces becs à triolets!

Nous sommes noblement maîtres dans nos caprices
D'accorder quelque grâce ou faire des justices,
De sabrer qui nous semble hors de nos fiers propos;
Toujours à pareil soin nous sommes fort dispos,
Et nous n'y manquons guère, hors, selon la coutume,
Nos amis cajolés, pour qui sans amertume
Nous parlons en bénins ainsi qu'il est de droit;
Cela de notre part est toujours fort adroit :
D'ailleurs n'avons-nous pas nos critiques célèbres
Qui couvrent certains d'eux d'honorables ténèbres?
Eh ! voudraient-ils encor pour eux, ces chers papas,
Comme à Rome il était, avoir quelques Tarpas? (1
De nos fameux conseils les censures fort douces
Ne nous font point du tout pour eux mordre les pouces.
Ainsi pour de notre art bien recorder le soin,
Nous employons le tact de les tenir de loin,
Et puis, admettant moins de lecture publique,
C'est un sûr prononcé d'examen sans réplique.
Nous ne finirions pas s'il fallait lire tout;
L'or passant le génie est plus de notre goût;
Puis pour bien déplumer il nous faut mille ruses
Qui coûtent tout autant que le travail des Muses :
Or il vaut donc bien mieux faire tout à la fois
Les malins connaisseurs comme les tout adroits;
Même avoir pour relais, en savans que nous sommes,
Vieux, neufs, examens prêts de nos bêtes de sommes,
Aux poëmes nouveaux qu'en gros nous adaptons,
Echaudant vivement ceux que nous dératons.

Jadis au bon vieux temps de nos antiques pères
Nous étions mis trop bas, vus tous de pauvres hères ;
Mais maintenant des dieux, en long comme en hauteur,
Nous sommes estimés notre juste valeur.
Ainsi quand on s'honore à nous voir au visage,
On a raison de dire en nous livrant passage :
Inclinez-vous, mortels, devant des Tarpas dieux,
Très-habiles savans avec de doubles yeux !
C'est ce que je devais en peu de mots vous dire
Contre de noirs bavards qui prétendent en rire.
Ce premier point fini, terminons le second ;
Le résultat pour nous en doit être fécond :
Peut-être que la suite en va devenir chaude,
Puisqu'un malin esprit secrètement y rôde.
Une belle adorable, à la brillante voix,
De ses grands sentimens nous a donné le choix,
Annonçant hautement à l'auguste consente
Des pas de fiers mortels dignes de votre attente,
Qui viennent du séjour des astres les plus loin
Fléchir le genou gauche ou le droit au besoin.
Ainsi pour recevoir d'aussi grands personnages
Nous devons conserver nos divers avantages. —
Chacun s'explique alors selon son sentiment ;
Mais Fricoteau poursuit : — A cet événement,
Pour nos vertus l'honneur que nous portons à croire,
Soleils de hauts talens, en armant notre gloire,
Hâtons-nous au plutôt par de grands coups de cœur
D'offrir tout ce qu'a l'art pour demeurer vainqueur ;

Si l'on nous dit parlant, parés comme des châsses,
A cela devons-nous, grimpés sur nos échasses,
Moins paraître des dieux encor plus haut montés
A ceux qui nous font voir leurs grands yeux hébétés? (2
Pour moi, tout comme vous, par vigueur la plus forte,
Je veux vaincre, ou plutôt que le diable m'emporte.
Que chaque caractère emploie ici son jeu,
Et se montre animé de son plus noble feu;
Il faut que chacun ait un rang selon sa place
Pour n'avoir pas un cœur qui paraisse de glace,
Car ces nouveaux venus, très-bien considérés,
Sont des mortels qui sont des autres révérés.
Bacchus, le dieu du vin, servira donc à boire,
Et sera le prôneur d'une célèbre gloire;
C'est un vigoureux dieu qui chante le bonheur:
Jupiter du festin sera l'ordonnateur;
Point de malignités, de ruses ni de piége:
Vulcain, le dieu Vulcain sera le porte-siége;
Etant cornu, boiteux, ce rang très-fort lui sied:
Ganimède sera le beau valet de pied:
Le divin Apollon commandera la danse:
Le sévère dieu Mars sera le porte-lance:
Pluton dans les boudoirs, dieu de lieux chauds et clos:
Neptune sur son trône assemblera ses flots
Pour, s'il le faut, calmer une chaleur trop grande,
Et donner un bon air à la célèbre bande:
Baptistin, lui, sera le crieur de chansons:
Momus et sa marotte y resteront bouffons:

Hercule, sur le seuil de notre sanctuaire,
Comme un lion terrible, en sera le Cerbère:
De ce séjour fameux, de ce séjour divin,
Où ne régna jamais de fiel ni de levain,
Pour pouvoir conserver nos places en échanges,
Les neuf Muses diront des vers à leurs louanges;
La fière Melpomène, entre deux beaux cerceaux,
Entonnera des vers récités par morceaux,
Avec les attributs qu'embellit la peinture,
Pour ne pas ennuyer d'une forte lecture;
Auprès de Mnémosyne et d'Euterpe ses sœurs,
Calliope offrira des corbeilles de fleurs,
Erato d'Apollon l'archet avec la lyre,
La sincère Clio lauriers vertus à lire;
Une autre chantera la gloire des héros;
Thalie et la Folie offriront leurs grelots;
Avec des traits brillans, de nouveau Polymnie
Fera voir dans les cieux la modeste Uranie,
Et Minerve et Diane, et Vénus et Junon,
En conservant toujours leur célèbre renom,
Près d'elles retiendront l'aimable Ganimède,
Pour servir au plaisir de charme et d'intermède
Les Grâces y viendront, en élégantes sœurs,
Entourer ces venus de guirlandes de fleurs,
Et le souffleur Borée, avec ses souffles charmes,
Pour les annoncer tous sera le héraut d'armes. —
A ces mots, prononcés d'un unanime accord,
Il ne leur sembla plus régner aucun discord,

Au contraire, joyeux, étant loin de s'attendre,
A semblable bonheur qui venait les surprendre,
Ils s'en vont tous chez eux, déjà prêts à bâiller,
Pour étendre les bras, s'endormir et ronfler.

FIN DU CHANT CINQUIÈME.

NOTES

DU CHANT CINQUIÈME.

———

1) Il y avait autrefois à Rome un Tarpa qui examinait les pièces de théâtre pour être jouées. Ce censeur n'était point pris parmi des comédiens, mais il était choisi entre des gens instruits ; ce qui est juste, car des comédiens ne sont que des agens en action, pour ne pas dire crûment des automates qui jouent. (1)

2) L'auteur a entendu dire à quelqu'un qu'il y avait eu un acteur moderne qui s'était vanté que, quand il jouait des rôles de princes et rois, qu'il s'en électrisait si fort qu'il croyait être un roi lui-même, et qu'en jetant de temps en temps un œil de dédain sur ceux qui l'écoutaient, il lui semblait voir une troupe d'oies qui le regardait en bâillant, comme ferait à peu près un troupeau de dindons ; mais l'auteur en a adouci l'expression, qu'il a jugée triviale, car il aurait pu dire :

> . . . . Montés sur nos échasses,
> Moins paraître des dieux fort aimant les chardons
> A ceux qui nous font voir leurs grands coups de dindons ?

———

(1) Horace dit, satire 10, vers 38 : « *Judice Tarpa*, etc. ; Tarpa étant juge, etc. »

LA THÉÂTRÉIDE,

POÈME ÉPI-COMIQUE.

CHANT SIXIÈME.

Que les mortels souvent sont heureux dans leurs peines!
Le bien avec le mal leur enchante les veines.
A ce qu'avait pu dire à ces célèbres dieux
La fière Renommée en s'envolant aux cieux,
Ces sublimes héros, tous la puce à l'oreille,
Etaient déjà debout à nouvelle pareille ;
Oubliant restaurans, plaisirs, douceurs, amour,
Déjà tard, couraient vite au théâtral séjour.
Tout à coup on entend de bruyans tintamares,
Les fifres, les tambours, les clairons, les fanfares;
La Renommée, encore avec ses mille voix,
Venait s'y réunir pour la seconde fois;
Sa terrible trompette, alors plus redoutable,
Y semble joindre encore un bruit épouvantable;
Les élémens, les cris des êtres animés,
Du jus du dieu du vin les esprits enflammés,

De tous les lieux divers par milliers tous accourent
Aux théâtrals piliers, qu'en bon nombre ils entourent,
Et la voix des échos, le bruit des souterrains,
Et les vents et les airs joints aux cris plus qu'humains,
Annoncent tout à coup l'éblouissante sphère
De tous les potentats, des maîtres de la terre :
Historiens, savans, enfans de tous les arts,
Accompagnent leurs pas venant de toutes parts,
Ensemble mélangés de différentes plages ;
Philosophes profonds, astronomes et sages,
Auteurs grecs et latins, syriaques, hébreux,
Aux yeux de l'assemblée arrivent tout poudreux ;
Les disciples fameux de tout âge célèbre,
Peu souvent honorés d'une pompe funèbre,
Poëtes, orateurs, et mille autres enfin,
Aidés des rois, des dieux, tout comme du Destin,
S'empressent humblement, avec un grand courage,
Au sénat théâtral d'adresser leur hommage ;
Le nombre en est si grand que leurs lambris dorés
N'en peuvent contenir que les deux tiers d'entrés ;
Les centuples gradins en sont pleins jusqu'au faîte ;
Il n'est aucuns recoins qui n'aient son tête-à-tête.
Tous nos grands romanciers jamais ne font manger ;
Il faut dîner ici ; la chose est à songer.
Mais avant les présens en des milliers d'espèces
Sont humblement offerts aux preneurs de largesses.
Sur une table exprès, dans un salon d'azur
Où le marbre paraît enchâssé sur le mur,

Les plus beaux diamans, les perles argentines,
Les rubis, les grenats de couleurs les plus fines,
D'un côté rouleaux d'or, et de l'autre d'argent,
Y sont mis; mais la table un peu trop s'en chargeant,
Vite ils sont enlevés, crainte d'agacerie,
Sans qu'on y cherche en rien nulle tracasserie;
Puis les mets les plus fins alors sont apportés,
Autant loin d'être omis que d'être reportés.
Va-t-on manger, ou bien faut-il que l'on s'en passe?
Sur ce point on consulte Homère comme Stace; (1
Mais Homère l'emporte, et pour preuve l'on dit
Qu'Ulysse mangea bien lorsque la viande il vit, (2
Et que le pauvre Hector, mis à bas par Achille,
L'avait vu dans sa tente à manger fort habile.
Comestibles divins soudain peu négligés,
Hors des coffres sortis, sont moins vus que mangés;
Poulardes et faisans, poules d'eau, cœur et foie,
Avec avidité sont dévorés de joie;
Bécassines de même, et pluviers et vanneaux,
En laissant de côté tous les gros dindonneaux;
Après les massepains, toutes les liqueurs fines
Montent tous les esprits de cervelles lutines,
Et les fruits les meilleurs et les plus succulens
Sont dignes à demi des théâtrals talens.
Comme à boire, à manger les dieux mettent leur gloire,
Faisant même besogne, il faut de même boire;
Chaque chose a son lieu, comme tout a son sens.
Mais surprise de voir un pareil contre-temps,

Minerve à tel abus frémit, et d'un œil blême
Leur dit tout aussitôt : — Quoi! jusqu'à l'instant même,
Dieux vains, vous poursuivez à ce que j'ai revu?
Pallas ne l'eût jamais d'un seul moment prévu;
Il faut qu'ainsi votre âme agisse à toute outrance,
Qu'à votre avidité se joigne la bombance,
Et peut-être qu'aussi quelque intrigant malin
Y porte votre esprit à ce goût fort enclin,
Et celui qui n'a point force d'argent et leurres
Ne peut rien obtenir de vos charmantes heures.
Est-ce avec ce recours que vous devez agir?
Vous voulez triompher, et prétendez régir
Tantôt la modestie, humble même à l'orage,
Tantôt le malheureux que la misère outrage;
Et lorsque l'on vous donne un légitime encens,
Quoi! vous amalgamez la ripaille au faux sens?
Sans craindre la tempête et ce qui vous tracasse,
Vous cajolez, briguez, employez fourbe, audace;
Vous trompez les mortels aussi bien que les cieux.
Si l'abus souvent règne où vous êtes des dieux,
Si le génie enfante où le talent récite,
Le talent a son art, et l'autre a son mérite;
Si souvent la contrainte est forcée à l'égard,
L'un n'empêche pas l'autre, et tout a son écart.
La faveur doit-elle être un pas même à l'outrage,
Et par elle au talent ôtez-vous le courage?
Cette erreur à l'erreur a-t-elle adroite part?
Le génie étouffé l'est-il aussi par l'art?

Quoi ! vous vous soumettez à de telles intrigues,
Vous, souvent accablés de pénibles fatigues ,
Vous, les représentans de plus grands dieux que vous ,
Qui règnent dans les cieux, dont vous vous moquez tous?
Quoi ! pour vous enrichir, regorger de richesses ,
Vous cherchez les recours de gloutonnes bassesses,
Et vous osez encor devant des potentats
Ajouter au savoir ces petits attentats?
De vos réduits dorés ouvrez un peu les fastes;
De dieux, rois et mortels, consultez toutes castes;
En foulant les parquets de la célébrité,
Vous souillez les lambris de l'immortalité;
Vous êtes dans vos traits bien plus méchans qu'habiles,
Et d'insectes mordans vous devenez reptiles.
Qu'un livre fort ouvert soit examiné mieux;
Eclairez-le du jour, qui vaut mieux que vos yeux.
Beaux dieux, osez-vous bien d'un œil vain et fragile
Juger Sophocle, Homère, Euripide et Virgile?
A la fraude, à l'audace, à la mauvaise foi,
A l'intrigue, à la ruse, à tout ce que je voi,
Qu'on rejette toujours plutôt qu'on ne l'écoute,
D'un de vous qui n'est plus, parce qui fort vous coûte ,
J'aperçois même une ombre aux pieds de vos autels
Eprouver un oubli de vos dédains mortels,
Pour une œuvre qui voit en vous haute lumière,
Peut manquer à sa fin d'extension dernière. (3
Vous, de si grands savans, vous vous trompez si fort!
Pour des dieux aussi fiers c'est bien mal avoir tort;

Passe encore à l'erreur d'avoir de ces manies,
Mais non pas aux élans en vous de hauts génies.
Minerve, qui vous juge et qui vous connaît tous,
Vous fuit et ne peut plus demeurer avec vous. —
Ce discours étonnant frappe d'un coup terrible;
Le consente, à l'avis qui paraît insensible,
Ne peut se rendre encore à ce que dit Pallas,
A qui même il croit voir la tête de Midas;
Mais quant aux étrangers d'un aussi haut parage,
Ils sortent stupéfaits d'entendre ce langage.
Les neufs Muses, Mercure, aussi bien qu'Apollon,
Et Junon et Vénus s'en vont vers l'Hélicon;
De même Mars, qui dit qu'il ne badine guère,
Et jure en s'en allant qu'il y fera la guerre;
Il emmène avec lui son aimable Vénus,
Jupiter, Ganimède et le grand dieu Plutus:
Diane à son berger porte un cœur qu'elle allège,
Et de tous les amours disparaît le cortége:
Pour Momus, reste au poste, et son cocasse front
Est avec sa marotte à l'abri de l'affront;
De l'assemblée il voit les plus jeunes déesses,
Et tous ses compagnons à malignes prouesses,
S'en allant avec eux, de même le laisser.
De parler à son tour ne pouvant se passer,
Et voyant qu'il restait de la célèbre fête
Plusieurs pour faire un coup qu'il roulait dans sa tête,
Entre autres Nicolas et le fier Baptistin,
Fricoteau le joyeux et le gros Tripotin,

—Quoi! Pallas, leur dit-il, comme une acariâtre
Vient de montrer un cœur encore si noirâtre
Qu'il ressemble à celui de la Muse à poignard,
A cette belle à l'œil toujours farouche, hagard!
Oui, qu'à cela ma tête ou ma marotte alerte
Change comme le vent, qui de tout lieu déserte;
Je change comme lui d'avis et de côté,
Et je passe où je crois être le mieux chanté.
Tous mes braves amis paraissent en déroute :
Où donc est notre gloire? On sait combien sans doute
Elle coûte au grand dieu le seigneur Jupiter.
Quoi! nous resterions là comme tout cornifer?
Ajoute-t-il de plus à d'autres amis d'armes
Qui restaient, attendant de plus vives alarmes.
Mes chers frères, il faut sans doute nous venger;
Nous demeurons encor trop longtemps à songer.
Armez-vous d'un effort égal à mon courage ;
Il fera votre gloire et sera mon ouvrage.
Après tant de propos faibles, chauds, mous ou froids,
Piteux galimatias offensant tous nos droits,
L'heure arrive qu'il faut que d'une âme brutale
Quelqu'un de nous pour vaincre ou triomphe ou détale.
Fricoteau, Nicolas, et le fort Tripotin,
Les moucheurs, allumeurs, toi, mon cher Baptistin,
Nos amis avec nous seront de la partie ;
Oh! que nous allons faire une belle sortie
Sur Vulcain, Ganimède, Apollon, Jupiter,
Et sur Mercure, en tours ce dieu vrai Lucifer!

L'Ignorance tiendra la trompette guerrière;
La Malice sera soit devant, soit derrière. —
Ils appellent soudain les moucheurs, allumeurs;
La Discorde, cachée, excitent leurs rumeurs;
Les quatre généraux les disposent, les rangent,
Leur ordonnent qu'aucuns de poste entre eux ne changent;
Ils les haranguent tous pour mieux les rassembler.
— Mes amis, disent-ils, la terre va trembler;
Mais n'en ayez pas peur; nous saurons vous défendre :
Ainsi soit-il; venez tous près de nous vous rendre. —
Par ce fameux discours, pour combattre le Sort,
Ils leur cachent que c'est une bataille à mort;
Ils donnent le signal de sonner la trompette,
Qui perce de tout lieu la plus sombre retraite.
O Muse! redis-moi de ce sanglant combat
Les plus terribles coups, et de rien n'en rabat;
Souffre-le moi sortir de la nuit la plus noire,
Et qu'il soit mis au jour dans l'éclat de sa gloire;
Dis-moi qui frappa plus, dans cet assaut sanglant,
De coups dont nul parti ne demeura tremblant.
Fricoteau, Baptistin, c'est vous qui méritâtes
La gloire et tout l'honneur aux coups que vous portâtes.
Aussitôt Jupiter, Vulcain et d'autres dieux
Viennent, frappés du bruit fait aux théâtrals lieux :
Momus, au même instant qu'il les voit tous paraître,
Les menace de mots qu'on n'a pas pu connaître.
A l'instant Baptistin d'un de ses bras nerveux
Prend sans peine un moucheur tout gras et tout poudreux,

Soudain le lance au nez du beau grand Ganimède :
L'ami de Jupiter soudain tombe, au coup cède.
Momus, marotte en main, au haut chef d'Apollon
En envoie un mouillé tout comme un goupillon ; (4
Le ferme Tripotin empoigne un Triptolème,
Et vous le lance à l'œil d'un autre Polyphème,
Et Fricoteau le sien au nez du noir Vulcain ;
Nicolas à Mercure en porte un moins certain :
Ces dieux, tous étonnés par dures représailles,
Les leur rendent au nez sur le champ de bataille.
C'étaient des bras de dieux qui frappaient de tels coups ;
Pour nous autres mortels nous eussions tremblé tous.
Le dieu Mars arrivé, s'étonne à l'aventure ;
Mais un moucheur soudain lui vole à la figure :
Par un terrible bras, par un bras redouté,
Le moucheur est plutôt moulu que reporté.
Le combat est plus fort ; Baptistin en personne
En jurant dit à Mars : —Attends, cœur de Bellonne ! —
Soudain entre ses bras il prend deux allumeurs,
Et les lance au dieu Mars comme des embaumeurs. (5
Mars devient furieux, et de ses mains terribles,
En fort dieu des combats, de coups plus extensibles,
En prend cinq à la fois ; deux sont entre ses bras,
Deux autres sur ses pieds ainsi que des forçats,
Un autre sur son front ; il les lance sans peine
Au vaillant Baptistin, qui tombe sur l'arène
En tournant, reviré comme un moulin à vent.
Moulus, les yeux pochés, crevés, plus n'en pouvant,

Les pauvres allumeurs criaient miséricorde,
Ignorant les motifs d'une telle discorde,
Disaient pour tels assauts que leurs corps, tout meurtris,
N'avaient point en naissant assez été nourris,
Et de poissons n'offraient nullement les écailles :
On les écoute peu sur le champ de batailles ;
Ils demandent en vain, de cœur comme d'effet,
Grâce pour tout le mal qu'ils n'avaient jamais fait.
Le combat recommence ; alors on s'entremêle ;
Les coups de tête, corps, tombent comme la grêle ;
Les pauvres allumeurs, les pieds, les bras en l'air,
Des mains de ces grands dieux partent comme l'éclair.
Ces dieux, criant chacun : Il faut que tu périsses,
Sentent leurs nez frappés de tous pousse-coulisses.
Dans un si grand combat enfin les émoucheurs
Tâchent de s'arracher aux mains des exploiteurs ;
Moulus et morfondus pour regagner leur gite,
Se sauvant tous d'effroi, détallent au plus vite ;
Rien ne peut arrêter les peureux, les pillards ;
Les généraux en vain rappellent les fuyards ;
La déroute est égale à leurs frayeurs paniques ;
Tous fuient, les gros, les gras, les forts et les étiques.
Le combat cette fois, privé de coups portans,
Manque d'armes, de traits, comme de combattans ;
Mais voilà tout à coup qu'en un profond silence
Ils sont tous à rêver sur autant de vaillance ;
Or, leurs fronts rayonnans d'efforts si glorieux,
Les poings sur chaque flanc, d'autres montrés aux cieux,

Restent tels en plein air qu'est un troupeau de grues,
Ou bien un escadron d'autruches têtes nues.
S'ils n'avaient pas ainsi risqué ce grand combat,
Quelle en eût pour leur gloire été si haut débat?
Comme mortels et rois les dieux enfin se lassent;
Toutes choses partout ou bien ou mal se passent.
— Pourquoi nous battons-nous? dirent enfin ces dieux;
La Haine a fait le mal, et même sous nos yeux:
Il faut en convenir, nous en sommes la cause.
A tout cela que faire? Au diable soit la chose;
Laissons agir le Sort, qui nous tracasse tous;
Méprisons les brocards que l'on lance sur nous;
En buvant le nectar ne faisons tous qu'en rire:
On aura beau jaser, raisonner et mal dire,
Nos célèbres travaux valent mieux qu'eux enfin;
Nous croquons les poulets; mangeons le superfin;
Mais eux c'est l'épluchure ainsi que la poussière,
Et quand nous le voulons nous rompons en visière. —
A ce qu'ils disent là tout à coup le Destin,
Les entendant parler en lurons de festin,
Aussi vieux que le Temps, à leurs yeux se présente:
—Beaux dieux, de tels combats quel est donc votre attente?
Leur dit-il aussitôt. Qu'avez-vous donc fait là?
D'allure et de maintien comme tous vous voilà!
Avez-vous toujours eu de semblables figures?
Vous paraissez au jour plus beaux que vos peintures.
Quoi! vos célèbres droits pour être triomphans
Ensemble vous font battre ainsi que des enfans?

Jugez mieux ; vous voyez que le Destin pénible,
Tout vieux qu'il vous parait, n'en est pas moins terrible.
Reçûtes-vous des cieux pour partage et pour dons
D'être injustes toujours, et n'être jamais bons,
De griffonner l'abus, avec art de l'écrire,
Et lorsqu'on vous le dit de toujours y souscrire ?
Eh ! devez-vous donc voir ce qu'avides d'argent
Vous refusez d'ouïr sans ce fatal agent, (G
Et par maligne astuce, avec rafinerie,
Vous prêter aussi fort à la rapinerie ?
Quelle est donc votre erreur ? Faites meilleur emploi
D'un bien dont vous devez montrer le bon aloi,
Et pour un intérêt qui de si près vous touche,
Ayez plus d'équité dans le cœur qu'à la bouche.
Lire en fins curieux n'est pas plus votre droit
Que de faire juger si mal ce qui s'y voit ;
La critique encor moins de votre compétence,
Et c'est avoir raison d'y faire résistance.
Vous avez fait le mal ; fallait-il l'avérer,
Quand le meilleur parti devait le réparer ?
Le Destin est encor bien plus fort que vous même,
Et des lois du Destin tel est l'arrêt suprême :
Les dieux vous ont donné leur force, leur pouvoir ;
Faire le bien comme eux est le premier devoir.
Vous n'avez jusqu'alors été que dieux factices ;
Au bonheur des humains devenez plus propices. —
Ils allaient répliquer, quoi qu'en eût dit le Sort,
Pour prouver tout du moins qu'ils n'avaient pas grand tort ;

Mais un grand mal de ventre arrivé contre attente,
Leur bouchant le gosier, en glaça la détente.
Le Destin finit là ; moi je finis aussi,
Et le mal que j'en sens est mon moindre souci.

FIN DU CHANT SIXIÈME ET DERNIER.

NOTES

DU CHANT SIXIÈME.

---

1) AUTEUR latin de la Thébaïde, et non Le Tasse, auteur de la *Jérusalem délivrée*.

2) Je fais ici *viande* de deux syllabes, comme Boileau, tandis que je le fais de trois syllabes dans mon premier chant; *voyez note 6.*

3) On ignore encore à quel spectacle grec ou romain un auteur-acteur fit une pièce qui fut jouée de son vivant, et qu'à sa mort on laissa dans l'oubli, en en préférant une nouvelle qui ne valait pas la sienne. La même chose, je crois, est arrivée de nos jours à l'égard de la tragédie de Mahomet II de Lanoue.

4) On sait qu'Apollon était le dieu du jour, des arts et de la poésie; ainsi Momus ne pouvait pas mieux faire pour vaincre que de lui envoyer au nez un goupillon, afin de rafraîchir et ralentir sa chaleur musicale et poétique.

5) On ne dit point *embaumeur,* du moins on ne l'a point vu dans le dictionnaire de l'Académie; on n'a pu mettre *parfumeur,* expression qui aurait paru insuffisante; ainsi l'auteur a donc été obligé, pour peindre l'action d'un aussi grand combat, de créer un mot énergique. Certains comédiens,

qui savent si bien choisir, n'en seront pas fâchés, puisqu'ils veulent si fort du chaud et de l'énergique.

6) Pourrait-on appliquer cette réflexion à de certains acteurs, morts ou vieux, qui ont refusé des poëmes faits de leur temps, dont on peut posséder les originaux refus, lesquels savans paraissent s'être toujours métamorphosés en salés requins, plutôt que d'être des poissons d'eau douce ; puis commettent entre eux, en place de simples réviseurs de poëmes qu'on leur communique, d'ardus examinateurs, lesquels, dévoués argus à leurs principes, se transforment de même en épées ou licornes de mer, pour haper et déchirer à belles dents ces poëmes qui leur sont envoyés, qu'ils savent d'avance rejeter, sauf primitive finance, où de tels dévoués pour cela, prétextant des fautes et omettant celles qui peuvent y être, tracassent, chipotent sur des manques de typographie, de mots tronqués ou falsifiés dans un imprimé qu'ils mettent sur le dos de l'auteur, et sur des minuties de style en manuscrit, faciles à réparer ; l'attaquent de taille et de pointe, ab hoc et ab hac, sur des situations et des expressions qu'ils supposent vicieuses, et se montrent si pauvrement instruits que le bon sens peut dire :

> O merveille d'esprit faite à la **Figaro**,
> Fausse et plate d'ailleurs comme du plat carreau!

FIN.

ERRATA.

Page 5, vers 6, *montés ;* lisez *monté.*

Page 6, vers 11, *fidèles ;* lisez *fidèle.*

Page 13, vers 27, *avait ;* lisez *avaient.*

Page 26, vers 22, *altèrent ;* lisez *attèrent.*

Page 35, vers 15, *armaient ;* lisez *armait.*

Page 37, vers 24, *était ;* lisez *étaient.*

Note première du chant troisième, ligne 13, *inscuit ;* lisez *incuit.*

Page 40, vers 18, *deux fois ;* lisez *toujours.*

Page 41, vers 3, *penseurs ;* lisez *peu vus.*

Page 82, vers 4, *excitent ;* lisez *excite.*

Idem, vers 16, *et de rien n'en rabat ;* point de faute ici, au contraire ; il y a litote et élipse, fleurs de rhétorique, et l'*s* est ôté à *rabat* par licence poétique, comme on l'ôte quelquefois dans *je vois.*